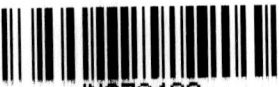

KINZAI バリュー叢書

日本の年金制度

そこが知りたい39のポイント

株式会社 ニッセイ基礎研究所［編著］

一般社団法人 金融財政事情研究会

■はじめに

日本の年金の歴史を紐解くと、公的年金は、明治初期の1875年に始まった海軍恩給までさかのぼります。その後、1942年に厚生年金の前身となる制度が創設され、1954年の全面改正によって現在の厚生年金制度の基盤が構築されました。国民年金については、1961年の国民年金制度の開始によって、自営業者等を含めた国民皆年金体制が確立されました。企業年金の本格的な普及は、1960年代の適格退職年金と厚生年金基金の両制度の創設が契機となります。その後、確定拠出年金や確定給付企業年金が創設される一方で、適格退職年金は廃止されました。このように約140年にわたって、社会環境の変化や国民からの要請に応えるために、年金制度は何度となく制度改正を繰り返し、発展・進化してきましたが、その結果、年金制度は非常に多層的で複雑な枠組みとなり、「年金はどうもわかりにくい」との印象をもたれるようになりました。

年金制度は老後に重大な影響を与えるものであり、すべての国民の生活に直結する制度であるといえます。しかしながら、年金制度を理解するためには、老後に受け取る年金額の計算だけでなく、現役時代に負担する掛け金の水準、年金資産の運用状況や年金財政の実態、さらには世代間の公平性の問題など、さまざまな技術的知識が必要であり、そのことからも「年金はどうもわかりにくい」と思われがちです。

いま、日本の年金制度は大きな「転換点」にあります。年金をめぐる環境変化を俯瞰しても、社会面では、少子高齢化が進み、終身雇用制の見直しと短時間労働者の増加など労働慣行に変化が生じています。経済面では、低金利、円高に加えて、株価の下落など、厳しい運用環境が続いています。公的年金では、これまでも支給開始年齢の引上げやマクロ経済スライドの導入などの対策を講じてきたものの、なお年金財政の悪化に歯止めがかからず、また企業年金では、確定給付型年金の運営コストが企業にとっての大きな負担となり、企業経営そのものを圧迫する事例もみられるようになりました。国も企業も、持続可能な年金制度の構築に向けて、従来の考え方や慣行にとらわれない抜本的な改革が必要な時期に至っているといえます。

ニッセイ基礎研究所は、1988年7月に設立され、保険分野にとどまらず、国内外の経済・金融から社会、生活、文化芸術に至るまで、「人の暮らし」にかかわる幅広い分野での調査・研究に取り組んできました。そして、2011年に年金総合リサーチセンターを新設し、年金についての総合的かつ専門的な調査・研究を進めるとともに、よりわかりやすい情報を発信することとしました。本書は、年金総合リサーチセンターによる情報発信の第一歩にあたるものです。

年金制度は、多層的で複雑な枠組みであるうえに、高度な技術基盤に支えられており、さらに専門用語も多いことから、一般の方の理解を困難にしている面があります。本書では、日本の年金制度の概要や特徴から、年金資産の運用やリスク管理までを、年金の専門家でなくても理解できるように、一つひとつの項目を丁寧に整理し、説明を加えました。また、専門用語についてもわかりやすく解説しています。一方で、コラムでは、今日的なトピックにも触れました。本書は、年金の専門家や実務家のみを対象とするのではなく、オーナー経営者や一般サラリーマン、家庭の主婦などの年金制度にかかわる機会の少なかった方々の年金に対する理解を助け、関心を高め、生活設計を考えるための基本的な情報や知識を解説することを目的としています。１人でも多くの方の役に立てば幸いです。

株式会社ニッセイ基礎研究所
代表取締役社長　**野呂　順一**

目　次

第1章
公的年金の概要

第2章
企業年金（確定給付型年金）の概要

第3章
確定拠出年金の概要

第4章
年金資産の運用とリスク管理の基礎

第5章
企業年金（確定給付型年金）の資産運用

第6章
企業年金（確定給付型年金）のリスク管理

第7章
確定拠出年金の資産運用

第8章
海外の年金制度

第1章

公的年金の概要

1 公的年金の概要と特徴

(1) 公的年金の体系

日本では、一定年齢の住民は、職業を問わず公的年金への加入が義務づけられています。加入中は働き方などによって加入制度が違い、国民年金の第1～3号被保険者に分類されます(図表1－1参照)。

日本の公的年金の構造は「2階建て」と呼ばれますが、これは、会社員や公務員など被用者の年金が、現役時代の報酬にかかわらず基本的に定額で支給される部分と、現役時代の報酬に応じて年金額が決まる部分の2つの要素から構成されることを

図表1－1　公的年金の体系

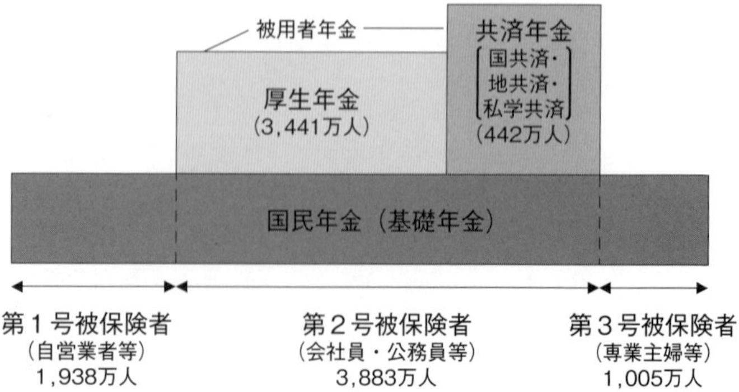

(注)　加入者数は2010年度末時点。

示しています。基本的に定額で支給される部分は、1985年の改正で国民年金（基礎年金）として整理され、会社員や公務員だけでなく自営業者や専業主婦などにも共通する年金制度となっています。20歳以上60歳未満の住民は全員が国民年金に加入することになっているため、保険料の未納や免除の期間がある場合を除いて、原則として定額の基礎年金が支給されます。

一方、現役時代の報酬に応じて年金額が決まる部分は「報酬比例部分」と呼ばれ、会社員が加入する厚生年金と、公務員等が加入する共済年金とに分かれています。

(2) 負担と給付の特徴

負担や給付は、先ほど紹介した被保険者分類によって内容が異なります。国民年金の第１号被保険者は、負担も給付も定額となっています。制度設計時に主な対象と考えられていた自営業は、保険料の賦課対象である収入の把握がむずかしく、また会社員のような定年退職がなく老後も事業収入が見込まれるためです。第２号被保険者の対象である会社員や公務員は、負担や給付（基礎年金の上乗せ部分）が給与に比例する仕組みになっています。自営業と違って定年退職後に収入がない場合が多いため、老後も、現役時代の収入の多寡に応じた生活を送れるように設計されています。専業主婦などの第３号被保険者は、直接は保険料を納めませんが、配偶者が加入する制度が、給付に必要な負担を拠出しています。給付は、基礎年金を受け取ります。

なお、公的年金の給付には、老後に受け取る老齢年金のほかに、一定の障害状態になった場合に受け取る障害年金や、家計を担っていた配偶者や親などが亡くなった場合に受け取る遺族年金もあります。

(3) 公的年金財政の構造

被保険者の分類によって負担や給付の内容が異なるため、公的年金財政は基本的に被保険者の分類ごとに分かれています。たとえば、会社員が支払う厚生年金保険料は、厚生年金勘定という政府の特別会計に繰り入れられ、厚生年金の給付も厚生年金勘定から支出されます。

ただ、基礎年金は1985年に創設された制度で、独自の保険料収入がありません。基礎年金の導入前から存在していた厚生年金などの各制度から、毎年の給付に必要な財源を基礎年金勘定に拠出してもらい、これを財源に基礎年金の給付が支出される仕組みになっています。各制度が拠出する金額は、各制度の加入者数に応じて決められます。会社員や公務員が加入する被用者年金では、各制度の加入者に対応する第３号被保険者の数も拠出額の計算に勘案されます。

なお、基礎年金財源の一部（2003年度まで３分の１。段階的に引き上げて、2009年度から２分の１）は、国庫負担として、政府の一般会計などからまかなわれています。国庫負担は、政府の一般会計などから厚生年金などの各制度に繰り入れられます。

公的年金の財政というと、新聞に取り上げられる積立金の運用成果が気になる方も多いと思います。たしかに、公的年金財政の収入のなかには積立金の運用収益もありますが、必要な財源のほとんどは保険料でまかなわれており、いわゆる賦課方式（世代間の助け合い）で運営されているといえます。たとえば、2010年度は保険料収入が29兆円、政府の一般会計からの繰入れ（いわゆる国庫負担）が11兆円ありましたが、積立金の運用収益は１兆円でした。

COLUMN コラム① COLUMN

国民年金と基礎年金

年金用語のなかでも、頻繁に出てくるにもかかわらずわかりにくいのが「国民年金」と「基礎年金」です。両者は同じ意味で使われる場合もありますが、違う意味で使われる場合もあります。いずれの意味かを文脈によって判断しなければなりませんが、知らずに読むと混乱してしまいます。

現在の制度に沿って説明すると、国民年金は加入する制度のことを指し、基礎年金は受け取る年金の種類を指しています。国民年金という制度に加入すると、基礎年金という年金を受け取るという仕組みです。堅い説明では国民年金と基礎年金は区分して使われますが、平たい説明の場合には、「国民年金を受け取る」というように、基礎年金のことが国民年金と呼ばれることがあります。加入する制度と受け取る年金の種類という違いはありますが、大局的にみれば同じ仕組みのことを指しています。

一方で、違う意味の場合もあります。これは、1985年に現在の基礎年金の仕組みができる前の、国民年金の仕組みを引きずった表現の場合です。1985年より前の国民年金は、厚生年金や共済年金などに加入できない方が加入する制度でした。その多くは農業や商業などの自営業だったため、「国民年金は自営業の制度」という意識が現在も残っています。また、1985年以降は国民年金が全員共通の制度となっていますが、国民年金保険料を納めるのは、国民年金の加入者のなかでも第1号被保険者と呼ばれる自営業などの方々に限られています。そこで、平たい説明の場合には「自営業は国民年金に加入する」といった表現が使われることがあります。この場合の国民年金は、全員共通の基礎年金と同じ概念として受け取っても間違いではありませんが、保険料の仕組みなどをふまえて、第1号被保険者に限定した意味で使われていると理解したほうがわかりやすいかもしれません。

2 現在までの年金改革と年金額の見通し

(1) これまでの年金改革

年金の問題というと、「年金財政の破綻」を思い浮かべる方も多いと思います。ご存じのとおり、日本の人口構成は、過去の予測を超えて少子化や長寿化が進んできています。このことは、公的年金財政にとっては、収入が減って支出がふえるという収支悪化傾向が続いていることを意味します。このような状況で年金財政を持続させるためには、基本的に、保険料の引上げか給付の引下げしか方策がありません。

厚生年金では、1970年代まで、高度成長を背景に、将来の負担をあてにして、当時の給付を改善する改正が続けられていました。しかし、1985年以降は少子高齢化が明らかになり、将来の過大な負担を避けつつ給付が急減しないよう、両者のバランスを考慮した制度改正が行われました。

ところが、2000年改正では将来の保険料率の見込みが20％を超え、それ以上の負担の引上げがむずかしい情勢になりました。そこで2004年改正では、将来の保険料水準を法律に明記し、その負担の範囲内で給付を行うよう、年金財政の方針が転換されました。従来は、給付水準を先に決めてから、それに必要な保険料を決定したのに対し、2004年改正では、それとは逆に、保険料を先に決めてから、その範囲でまかなえるように給付水準を自動調整することになりました。

⑵ 現在の制度での見通し

2004年改正で導入された給付水準の自動調整ルールは、「マクロ経済スライド」と呼ばれます。従来は、年金受給者の生活水準を現役世代並みに向上させるため、基本的に1人当り賃金の伸びに応じて年金額が改定されてきました。しかし、1人当り賃金には働き手の減少が反映されないため、少子化のもとでは年金財政の悪化要因となります。そこで、年金財政が健全化するまでの間、総賃金（マクロの賃金）の伸びに応じた改定に切り替えるというのが、マクロ経済スライドのおおまかな考え方です。総賃金の変動は年金財政の収入源である保険料総額に影響しますから、この自動調整によって、収入の減少に応じて支出である年金額を減らして、財政バランスを保つことができます。

財政バランスの改善はうれしいことですが、将来の年金額は今後の経済や人口の状況で変化することになったので、注意が必要です。将来の給付水準について、政府は、3通りの経済見通しと3通りの人口の見通しを組み合わせた9通りの予測を示しています。標準的な予測では現在から2割程度の減少にとどまる見込みですが、たとえば経済も出生率も標準より下回った場合は、3割程度の減少になる見込みです。

なお、大幅な給付の低下（具体的には、5年以内にモデル世帯の所得代替率が50％未満に低下）が見込まれる場合には、マクロ経済スライドを継続するかなどが検討され、年金制度の見直しが行われる予定です。政府が示している９通りの予測のうち、経済が低迷する場合や少子化が進む場合などの４通りで、モデル世帯の所得代替率が50％未満となる見込みです。ただし、50％割れは早くても2036年以降に発生するという予測なので、当面は現在の仕組みが継続されます。

⑶　個人の年金額はどうなるか

制度全体の見通しは前述のとおりですが、個人への影響を考えるためには、工夫が必要です。まず、給付削減は段階的に行われるので、世代によって影響が異なります。次に、基礎年金と厚生年金で、削減の大きさやペースが異なります。また、厚生年金の額は働いていた間の給与の大きさによって変わるので、年金額全体としてどの程度の影響を受けるかは、各個人の年金額全体のなかでの基礎年金と厚生年金のバランスによって変わります。さらに、受け取り始めてからも年金額は変わります。これらを考えると、個人ごとに影響が異なります。

そこで、個人への影響を考えるためには、①現在の制度でどの程度の年金額になるかを、基礎年金と厚生年金に分けて知る、②基礎年金と厚生年金それぞれについて、今後の削減の見込みを織り込む、という２つのステップが必要になります。

１つ目のステップである、現在の制度での年金額の見込みを知るには、日本年金機構がインターネットで提供している「ねんきんネット」が有益です。雑誌や書籍などで年金額の計算例や早見表を載せているものがありますが、ねんきんネットを使えば、例ではなく、ご自身の記録に基づいた年金額を知ることができます。また、将来の働き方の見込みを細かく入力したり、年金を受け取り始める年齢を変えたり、異なる条件での試算結果を比較できたりする点も、大変便利です。

ねんきんネットの利用には登録が必要ですが、年金手帳に記載されている基礎年金番号があればネット経由で申請できます。また、誕生月から３カ月以内であれば、日本年金機構から送られてくる「ねんきん定期便」に記載されているアクセスキーを使って登録し、すぐに年金額の試算や加入記録の確認などのサービスを利用することができます。

便利なねんきんネットですが、示される年金額の試算結果は、あくまで試算時点のものです。将来の給付削減の影響は反映されていませんので、その点については個人で計算する必要があります。これが２つ目のステップになります。

これを計算するためのツールが図表１－２です。将来の給付削減は今後の経済や人口の状況で変化しますが、ここでは政府が公表している資料の制約から、政府が公表している９通りの予測見通しのうち、標準ケースの場合を計算します。まず、ねんきんネットで試算した基礎年金と厚生年金の年金額を、図表上段のそれぞれの欄に記入します。次に、基礎年金と厚生年金それぞれについて、生まれた年度や計算したい年金額の受取時期に応じた数値を図表下段の表から探して、上段の各欄に書き

図表1－2　給付削減の反映方法

○基礎年金

ねんきんネットの金額　　下段の表の数値　　（A）

□万円×□÷100＝□万円

○厚生年金（報酬比例部分）

ねんきんネットの金額　　下段の表の数値　　（B）

□万円×□÷100＝□万円

○合計

（A）　＋　（B）　＝□万円

◆基礎年金

		年金を受け取る年齢				
		65歳	70歳	75歳	80歳	85歳
生まれた年度	1944	100	93	84	75	67
	1949	97	89	78	69	63
	1954	92	83	73	65	59
	1959	88	79	70	62	59
	1964	85	75	67	62	59
	1969	78	71	65	60	59
	1974	74	68	63	59	59

◆厚生年金（報酬比例部分）

		年金を受け取る年齢				
		65歳	70歳	75歳	80歳	85歳
生まれた年度	1944	100	89	82	75	73
	1949	95	86	81	75	72
	1954	90	83	77	72	72
	1959	90	83	77	72	72
	1964	90	83	77	72	72
	1969	90	83	77	72	72
	1974	90	83	77	72	72

（注）　1974年度生まれ以降は、1974年度生まれと同じ。

（出典）　社会保障審議会年金部会資料（2009年５月26日）より作成。

込みます。さらに、図表上段に書かれた式に沿って計算すれば、将来の給付削減の影響を加味した年金額を試算できます。

なお、図表下段の表は、公表資料の制約から生まれた年度や年齢が５年刻みになっていますので、中間の生まれ年や年齢の年金水準を推計する際は、前後から係数を類推してください。

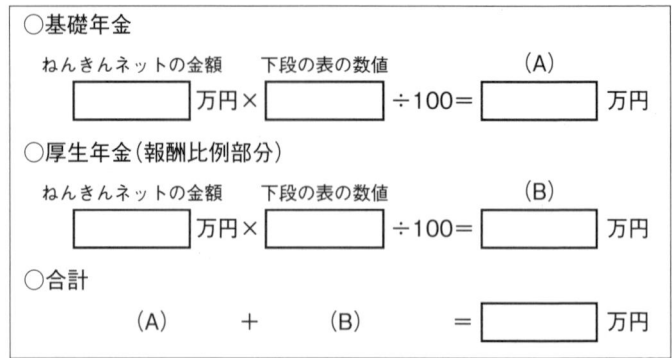

また、試算される将来の年金額は、現在の金銭感覚にあうように賃金上昇率の見込みで換算したものです。将来の給付削減は今後の経済や人口の状況で変化するので、試算の結果は、１つの参考にとどめてください。

3 公的年金改革案の概要(1) マクロ経済スライドの発動

(1) マクロ経済スライドの概要と発動問題

少子高齢社会では、現役世代が減少して保険料収入が減り、かつ引退世代の増加で年金給付がふえて、年金財政が苦しくなります。そこで、1980年代から、将来の保険料を引き上げつつ、引上げが過大にならないよう給付を削減する改正が行われてきました。

直近の2004年改正では、将来世代や企業の負担を抑える方針が強化され、保険料率の引上げを2017年度に停止することになりました。そのうえで、いわば決められた収入の範囲内でやりくりするため、年金財政が健全化するまでは現役世代の減少や引退世代の長寿化にあわせて、毎年約１～２％ずつ全受給者の年金を減らすことになりました。この削減の仕組みが「マクロ経済スライド」と呼ばれています。

これを単純化した年金財政で考えると、次のようになります。保険料率の引上げ停止で保険料収入が限られるなか、少子化や長寿化によって、保険料を支払う現役世代が減少したり年金を受け取る引退世代がふえれば、年金財政が苦しくなります。しかし、現役世代の減少や引退世代の増加にあわせて１人当りの給付費、すなわち年金額の伸びを抑えれば、財政バランスを維持できます。これがマクロ経済スライドの基本的な考え方です。実際の制度では、年金財政が健全化するまで、賃金や物価の伸びによって決まる原則的なスライド率から、現役の加入者数の減少分と引退世代の余命の伸びを差し引くこととなりました。

これで年金財政の健全化が進むはずでしたが、激変緩和のための経過措置とデフレの影響で予定どおりに進んでいません。2004年の推計では、2008年度にマクロ経済スライドが自動的に発動されて削減が始まり、2023年度には停止できる見通しでした。しかし、2009年の推計では削減の開始が2012年度に、停止が2038年度にずれ込む見通しになりました。さらにその後も状況は好転せず、2012年度になってもマクロ経済スライドは発動されませんでした。

そこで、2012年２月に閣議決定された社会保障と税の一体改革大綱では、いわば手動でマクロ経済スライドを開始し、さらにデフレ下でもマクロ経済スライドを適用して財政健全化の遅れを取り戻すことが盛り込まれました。前者は特例水準の解消としてすでに法案が国会に提出されており、後者も引き続き検討される予定です。

(2) 特例水準の解消

2000～2002年度に、物価が下がったにもかかわらず、年金額をルールどおりに物価に連動させずに据え置く特例措置が行われました。その影響で、マクロ経済スライドの導入が決まった2004年改正の時点では、本来水準よりも高い特例水準で実際の支給が行われていました。そこで激変緩和措置として、当面は特例水準で支給するものの物価が上がっても据え置き、本来水準が物価や賃金にあわせて改定されて特例水準を上回ったときに、実際の支給を本来水準に切り替え、同時にマクロ経済スライドを自動開始することとされました。当時の予測では、2008年頃に本来水準が特例水準を上回り、マクロ経済スライドが始まると見込まれていました（図表1－3参照）。

なかなかわかりにくい仕組みですが、これには、負担の抑制と並ぶ2004年改正のもう1つの理念である「政治リスクの回避」が反映されています。年金改革の歴史を振り返ってみる

図表1－3　本来水準と給付水準の推移

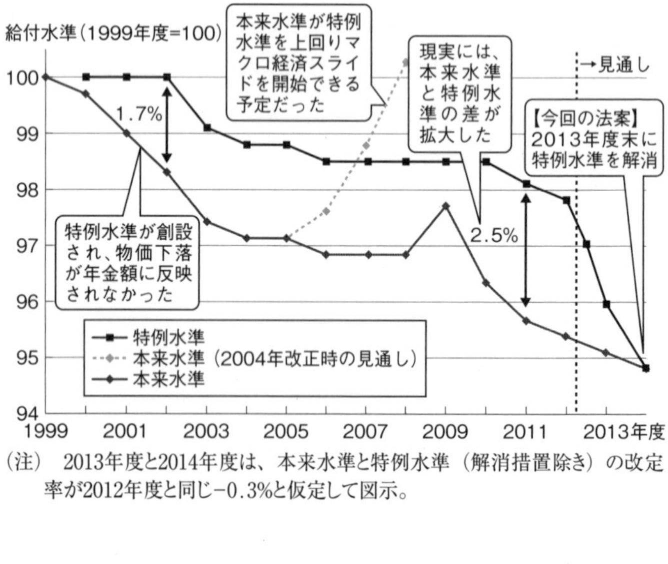

（注）　2013年度と2014年度は、本来水準と特例水準（解消措置除き）の改定率が2012年度と同じ−0.3%と仮定して図示。

と、保険料率の引上げ抑制など、政治的な判断によって厚生（労働）省の財政健全化策が先送りされた例が少なくありません。そこで2004年改正では、保険料と給付を政治的に決める従来の方法から、いったん決めたルールに従って給付を自動調整する仕組みに切り替えられました。マクロ経済スライドの発動も、政治的に先送りされないよう、前述の条件を満たしたときに自動開始するように設計されました。

しかし、見込みと異なってデフレが継続し、さらに経過措置に物価変動への配慮が足りなかったため、特例水準と本来水準の差は当初の1.7%から2.5%に拡大しました。そのため、予定どおりに開始しなかったばかりか、今後自動的に開始される可能性も危うくなりました。そこで、これ以上の健全化の遅れを食い止めるため、いわば手動スイッチでマクロ経済スライドを開始するのが「特例水準の解消」です。

法案策定に向けた議論の過程では、約３年間で段階的に解消するという厚生労働省の案に対し、５年間での解消を求める声もありました。しかし、解消ペースを緩やかにしたツケは将来に先送りされることを考慮してか、最終的には約３年で落ち着きました。具体的には、まず、特例水準の改定ルールが本来水準のルールにそろえられたうえで、そのルールに加えて特例水準が2012年10月に0.9%、2013年４月に0.8%ずつ引き下げられる予定です。さらに、2013年度末に特例水準が解消されて、2014年度から本来水準での支給が始まる予定です。

(3) デフレ下でのマクロ経済スライド適用

特例水準の解消によってマクロ経済スライドの開始条件が整う見込みですが、年金財政の健全化を確実にするには、マクロ経済スライドのもう１つの温情措置である「名目下限ルール」の見直しも必要になります。

名目下限ルールとは、マクロ経済スライドによって名目の年金額が前年度を下回るのを避けるため、賃金や物価の上昇が小さい場合にマクロ経済スライドの効果を弱くしたり、賃金や物価が下落している場合にマクロ経済スライドを無効にする仕組みです。近年は賃金や物価が下落することが多いため、特例水準の解消によってマクロ経済スライドの開始条件が整ったとしても、「名目下限ルール」によって削減、すなわち年金財政の健全化が行われない可能性が考えられます。

削減が抑えられた分は削減期間の延長によって将来の受給者が負担するかたちになるため、この仕組みを撤廃すべきという意見があります。一方で、賃金や物価以外の要素による年金額の前年度割れは、財産権の侵害になる可能性があるという意見もあります。社会保障と税の一体改革大綱では引き続き検討することとなっていますが、特例水準が解消される2013年度末までには結論が出されることでしょう。

4 公的年金改革案の概要(2) パート労働者の年金

(1) パート労働者の年金問題とは

パート労働者への厚生年金の適用は、年金制度における積年の課題の1つです。ここ10年をみても、「雇用と年金に関する研究会」(2003年3月報告)、「社会保障審議会年金部会パート労働者の厚生年金適用に関するワーキンググループ」(2007年3月報告)などの政府が主宰する有識者検討会で議論されました。政治の舞台でも、2004年改正では改正法の附則に施行後5年をメドとした検討規定が盛り込まれ、2007年には被用者年金一元化法案の一部として国会に提出されました。しかし、経済界の反対や政局の影響で成立しませんでした。

1980年に定められた現在の取扱いでは、所定労働時間等が通常労働者の4分の3以上、すなわち多くの職場では週30時間以上の労働者に厚生年金が適用されます。それ以外の労働者は、原則として国民年金の加入者(第1号被保険者)となり、一部は収入や配偶関係に応じて被扶養配偶者の扱い(第3号被保険者)となります(図表1－4参照)。

1980年当時の短時間労働者は400万人弱で被用者の1割にすぎなかったのですが、現在では1,400万人を超えて被用者の3割弱を占めています。その結果、現在では国民年金の第1号被

図表１－４　公的年金の加入区分のイメージ

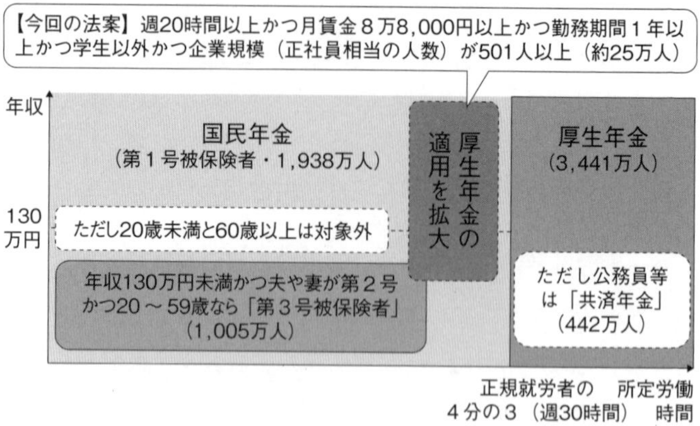

（注）　加入者数は2010年度末時点。適用拡大者の数は、厚生労働省の概算。

保険者の４割を被用者、３割を無職が占め、自営業は４分の１にすぎない状況になっています。国民年金は自営業を念頭に設立されたため老後には基礎年金しか受け取れず、被用者の老後保障としては不十分な状況にあります。また、現在の取扱いは旧厚生省の課長が都道府県に送った文書が根拠となっており、法律上の根拠が明確でない点も問題になっています。そのほか、被扶養配偶者（第３号被保険者）を優遇する仕組みが労働力の供給を妨げているともいわれています。

(2)　適用範囲をめぐる議論

パート労働者への厚生年金の適用をめぐっては、適用が拡大される範囲の設定がいちばんのポイントです。労働組合は、同じ職務であればパート労働者の処遇を正社員と同じにすべきという考えから、より広い範囲への厚生年金の適用を望んでいます。企業側は、パート労働者に厚生年金が適用されると保険料の半額が企業負担となるなどの理由から適用の拡大自体に反対する声も大きく、特にパート労働者が多い流通業界や対人サービス業、経営への影響が大きい中小企業などが強く反対しています。パート労働者自体は意見が分かれていますが、当面の保険料負担がふえることばかりが注目されて、企業が保険料の半額を負担してくれることや将来の年金額がふえることが理解されていないために、反対する意見が少なくないようです。

2001年や2003年の有識者検討会の報告書では、「所定労働時間が通常労働者の2分の1（週20時間）以上の場合」「所定労働時間が通常労働者の2分の1（週20時間）未満でも年収が65万円以上の場合」に厚生年金を適用するという、拡大範囲が広い案が提示されました。これに対して2007年にまとめられた法案では、「週の所定労働時間が20時間以上、かつ月収9万8,000円以上、かつ勤務期間が1年以上になることが見込まれ、かつ学生以外、かつ企業規模が従業員301人以上」と対象が限定され、対象者は10万～20万人程度と推計されました。

2012年の法案策定過程では、当初は「所定労働時間が週20時間以上」に変更して、約400万人を新たに適用する案が出されました。しかし、短時間労働者を多く雇用する小売業や対人サービス業、中小企業からの意見や、消費税増税に対する経済界の同意を取り付けるための政治的な理由から、当面3年間は賃金や企業規模などの条件が加えられました。具体的には、

「週の所定労働時間が20時間以上、かつ月収７万8,000円以上、かつ勤務期間が１年以上になることが見込まれ、かつ学生以外、かつ企業規模が正社員相当501人以上」とされ、適用拡大の規模は約45万人に絞り込まれました。さらに、最終的に可決された修正法案では、企業負担の増加を抑えたい自民党の意向を受けて、月収の基準が８万8,000円に変更され、拡大規模が約25万人になりました（図表１－４参照）。

(3) 今後の論点

個々の条件をみると、まず、週20時間という労働時間は雇用保険の適用条件と同じであり、妥当な水準といえそうです。次に、月収８万8,000円（年収106万円程度）以上という収入基準は、2004年改正時に議論されていた年収65万円と、2007年の法案に盛り込まれていた月収９万8,000円（年収118万円程度）の間に位置します。収入基準は、対象者数だけでなく給付と負担のバランスにも影響します。パートへの適用拡大と同時に保険料の算定に使う給与の下限を引き下げると、国民年金保険料よりも少ない負担で基礎年金に加えて厚生年金も受け取ることが可能になるため、厚生年金加入者と国民年金加入者（第１号被保険者）のアンバランスを指摘する意見があります。その一方で、両者はそもそも働き方が違うので、バランスを考慮する必要がないという意見もあります。また、正社員相当の従業員が501人以上という企業規模は、2007年の法案よりも対象者を絞るかたちになりました。中小企業への影響を小さくするために企業規模の絞込みは必要という意見もありますが、同じ内容の仕事をしていても勤め先の規模が違うだけで加入する制度が違うのは不平等ではないか、という指摘もあります。

パート労働者への厚生年金の適用が拡大された場合、たしかに企業に追加の保険料負担が発生するため、企業利益の圧迫、ひいては短時間労働者の雇用情勢が悪化する可能性があります。そこでなんらかの緩和措置が必要と考えられますが、今回の法案のように対象を絞る方法で対処すれば、緩和措置のコストは、将来十分な年金を受け取れないというかたちで非対象者が負担することになります。

また、事務処理への対処も今後の課題となるでしょう。先頃注目された年金記録問題では、大企業を念頭に置いて事務が設計されていたことが問題発生の一因と指摘されました。適用拡大にあたっても、事務負荷の増大をどう効率化するかや、複数の企業や事業所で働く短時間労働者の把握など、実務の実効性について検討が必要でしょう。適用拡大は積年の課題でしたが、実現がむずかしい課題と認識されていたために、実務面の対策が議論されていない感があります。2016年1月から予定されているマイナンバーの情報連携の活用など、施行までの期間を有効活用して検討を進める必要があるでしょう。

5 公的年金改革案の概要(3) 被用者年金の一元化

(1) これまでの経緯

日本の公的年金制度は自営業や被用者など働き方によって分かれていますが、同じ被用者でも会社員と公務員等では加入する年金制度が異なります。そこで、会社員が加入する厚生年金と公務員等が加入する共済年金の制度を統一し、両者が同じ制度に加入するのが「被用者年金の一元化」です（図表１－５参照)。これによって、同じ給与であれば同じ保険料を負担し、将来も同じ年金額を受け取ることになります。

日本の公的年金制度をさかのぼると、1880年前後につくられた軍人恩給と官吏恩給が１つの起源といえます。その後、1907年の鉄道現業員を対象とした共済組合をはじめとして各種の共済組合が設立され、公務員や公共企業体の役職員の年金制度は整備されてきました。一方、民間労働者に対する公的年金は、1942年の労働者年金を起源として、1944年に厚生年金が創設されました。その後、戦後の混乱を経て、1954年に全面改正された厚生年金、1956年に旧国鉄と専売公社と電電公社を対象とする公共企業体職員共済、1958年に国家公務員共済、1962年に地方公務員共済が創設されました。また、厚生年金から分離独立するかたちで、1954年に私学の教職員を対象とする私学共済、

図表１－５　被用者年金一元化のイメージ

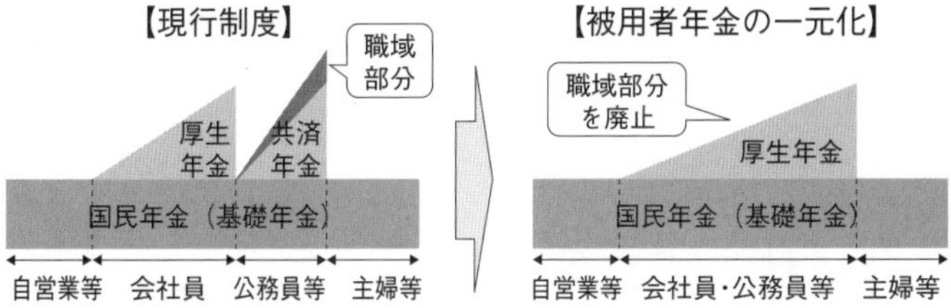

1958年に農業協同組合等の役職員を対象とする農林共済が創設されました。そして1961年には、それまでの被用者を対象にした制度に加えて、農業者を中心とする自営業を対象にした国民年金が創設され、国民皆年金と呼ばれる制度ができました。

その後、高度成長に伴って農業者の減少や高齢化が予想されたことから、1985年に各公的年金制度の定額部分を統合して基礎年金が創設されました。その際、会社員が加入する厚生年金と公務員が加入する共済年金の間で、いわゆる２階部分にあたる報酬比例部分の基本的な給付算定の仕組みが統一されました。しかし、公務員の働き方の特殊性を考慮して、共済組合の報酬比例部分は厚生年金の報酬比例部分の２割を職域部分として加算することが決まりました。なお、給付が２割増といっても、それに必要な掛け金は労使（従業員である公務員と、雇用主である国や地方自治体）折半で負担されることには注意が必要です。

この1985年の改革に向けて合意された閣議決定には、「1995年を目処に公的年金制度の一元化を完了させる」との記載がありました。その後、1997年にすでに民営化していたJRとJTとNTTの各共済組合を厚生年金に統合したり、2002年に農林共済を厚生年金に統合することが行われましたが、公務員共済と厚生年金との統合は行われませんでした。

(2) 2004年以降の進展

2004年の年金改革には被用者年金一元化は盛り込まれていませんでしたが、当時は野党であった民主党が自営業も含めた一元化を含む年金改革の対案を提出したり、閣僚等の年金保険料の未納が取り上げられるなど、審議が混乱しました。そこで、法案の採決に先立って自民党、公明党、民主党による3党合意が取り交わされ、これに基づいて改正法の附則に一元化を展望して検討することが盛り込まれました。これを受けて、2005年に両院合同会議が開催されましたが、衆議院の解散により議論半ばで打切りになりました。

その後、当時の小泉純一郎首相の主導により法案化に向けた検討が省庁間で開始され、2006年の閣議決定を経て、2007年には法案が提出されました。しかし、民主党が自営業を含む一元化を主張したため、この法案は審議に至らないまま2009年に廃案となりました。その後、マニフェストで自営業を含めた一元化を主張した民主党が政権交代を果たし、2010年6月には新年金制度に関する基本原則が打ち出されました。しかし、2011年6月の一体改革成案では、新年金制度創設までの現行制度改善として被用者年金のみの一元化が示され、今回の法案提出に至りました。

(3)　一元化法案の内容

一元化にあたっては、どのように保険料率や給付内容などの差異をなくすかといった制度設計や、一元化後に積立金や管理をどう整理統合するかという実務が議論のポイントとなります。

給付については、公務員等が厚生年金の加入者になるという基本設計のもと、厚生年金の約２割増となっている職域部分などが廃止され、報酬比例部分の水準を厚生年金にそろえることになっています。また、遺族年金の転給（遺族年金の受給者が亡くなった場合などに受給を引き継ぐ仕組み）など共済年金独自の給付も、現在の厚生年金にそろえられます。なお、廃止される職域部分の今後については、別途検討されています。

保険料率は、厚生年金の保険料率と同じになるまで、現在予定されている保険料率の引上げ計画が継続されます。その結果、公務員は2018年度に、私学教職員は2027年度に、会社員と同じ保険料率になります。

積立金は、一元化時点における、給付に対する積立金の水準（いわゆる給付の何年分という値）が厚生年金と同様となる水準で切り分けられ、記録管理や保険料徴収とともに共済組合が管理を継続します。

⑷　今後の論点

これら2012年の法案の内容は、2007年の法案を踏襲した内容になりました。これは、2007年の法案は、当初主導した小泉首相の強いリーダーシップによって省庁間や公務員の労使間のバランスが保たれたかたちになっており、政権交代を経ても再調整がむずかしかったためと思われます。

しかし、2007年の法案を踏襲した内容では、この間の状況変化に対応していない点には注意が必要です。たとえば積立金の仕分けについては、公務員削減の動きや少子化の進展に伴う長期的な教職員の減少などを考慮すれば、2007年と同様の仕分け方で問題がないかを精査する必要があるでしょう。また資金や記録の管理についても、前述のように加入者の減少が見込まれるほか、2016年にはマイナンバーの連携運用が開始される状況で、共済組合による管理を恒久的に続けるべきか、再検討する必要があるかもしれません。

今回の法案は自民党が法案提出した制度内容と同様であり、政治的には特段の議論がないまま成立に至りました。しかし、国民としては今後の動向を注視しておく必要があるでしょう。

6 公的年金改革案の概要(4)
支給開始年齢の引上げ

(1) 長寿化と支給開始年齢の引上げ

長寿化が進む社会で年金の支給開始年齢を見直さずにいると、年金を受け取る期間が延びることになります。その結果、毎年の受給者数がふえて給付総額が増加し、年金財政が苦しくなってきます。そこで、年金財政を健全化する手段の１つとして、支給開始年齢の見直しが検討課題にあがります。

会社員が加入する厚生年金の支給開始年齢は、1944年の創設当初は55歳に設定されていましたが、1954年の全面改正時に、男性について1958年から16年かけて60歳に引き上げることが決定されました。当時の男性の平均寿命は64歳でしたが、労働組合は20年後の60歳定年の普及を展望して引上げに賛成したといわれています。

その後も長寿化は進んだため、1980年には厚生省が65歳への引上げを提案しましたが、60歳定年の普及が不十分などの理由で反対が大きく、実現しませんでした。その後も、年金財政を健全化する手段の１つとして何度も検討されましたが、経済団体は人件費の硬直化につながる定年の延長を嫌い、労働組合も60歳定年の普及がスムースでなかったためにそれ以上の延長を嫌ったため、なかなか実現しませんでした。結局、1985年改正、1994年改正、2000年改正の３度の改正にまたがって段階的に65歳への移行が決められていきました。

1985年の改正では、女性の支給開始年齢が1987年度から1999年度にかけて、55歳から60歳へ引き上げられることになりました。

また、会社員が受け取る公的年金は、加入期間に応じて年金額が決まる定額部分と、加入期間の給与に応じて年金額が決まる報酬比例部分に分かれます。1994年の改正では定額部分の支給開始年齢の引上げが決まり、男性については2001年度から2013年度にかけて、女性については2006年度から2018年度にかけて、60歳から65歳に引き上げられることになりました。2000年の改正では、報酬比例部分の支給開始年齢についても定額部分に続いて引き上げられることになり、男性については2013年度から2025年度にかけて、女性については2018年度から2030年度にかけて、60歳から65歳に引き上げられることになりました。

一方、自営業者を対象として1961年に創設された国民年金は、当初から支給開始年齢が65歳に設定されていました。1985年に現在の国民年金（基礎年金）に改正された際も、65歳開始が引き継がれました。

(2) 諸外国の支給開始年齢

日本より将来の平均寿命が短いと予想されている諸外国でも、支給開始年齢の引上げが行われています（図表１－６参照）。

米国では、1935年の制度創設時から支給開始年齢が65歳でした。その後、日本よりも早い1983年に支給開始年齢の引上げを決定し、2027年までに67歳へ引き上げる計画になっています。ただ、引上げの決定から引上げの開始までの猶予期間が、20年と長いのが特徴です。

英国では1925年に社会保険料方式の年金制度が発足した際、支給開始年齢が65歳に設定されていました。その後、1940年に女性のみ60歳に引き下げられましたが、1995年に2010年から2020年にかけて再び65歳に引き上げることとなりました。65歳から68歳への引上げは、2007年に決定されたにもかかわらず開始が2024年と遅めですが、これは女性の65歳への引上げに続くかたちで設定されているためです。

ドイツでは、1889年の制度発足時に支給開始年齢が70歳でしたが、1916年に65歳へ引き下げられました。その後、2007年３

図表１－６　日本と諸外国の支給開始年齢の引上げ状況

		日本	米国	英国	ドイツ	フランス
引上げ後の支給開始年齢		65歳	67歳	68歳	67歳	62歳
引上げ過程	引上げ前の支給開始年齢	60歳	65歳	65歳	65歳	60歳
	決定時期	1994年	1983年	2007年	2007年	2010年
	開始時期	2001年	2003年	2024年	2012年	2011年
	完了時期	2030年	2027年	2046年	2029年	2018年

（注）　日本の決定時期は定額部分、開始時期は男性の定額部分、完了時期は女性の報酬比例部分のもの。
（出典）　社会保障審議会年金部会資料（2011年10月11日）等より作成。

月に、当初案の2035年を前倒しするかたちで、2029年までに67歳へ引き上げることになりました。

フランスでは、支給開始年齢は65歳で運営されてきましたが、1983年に60歳に引き下げられました。これは、高齢者が早く引退することで若者の働く機会をふやそうという雇用政策からの要請でした。しかし、結果として若者の失業率は改善せず、年金財政も悪化しました。その後、2003年に満額受給に必要な年数を40年から41年に引き上げる改正が行われ、2010年には支給開始年齢を60歳から62歳に引き上げる改正が行われました。

また、図表１－６には載せていませんが、デンマークやイタリアでは平均余命の伸びにあわせて支給開始年齢を改定する仕組みが取り入れられています。

(3) 今後の見通し

日本の長寿化は今後も進展する見通しです。65歳の平均余命は、1985年には男性が15.52年、女性が18.94年と推計されていました。これが四半世紀後の2010年には、男性が18.74年、女性が23.80年になりました。2012年１月に発表された将来人口推計では、四半世紀後の2035年には男性が20.93年、女性が26.17年、半世紀後の2060年には男性が22.33年、女性が27.72年になると推計されています。

2011年に本格化した社会保障・税一体改革の検討過程では、有識者の要請で支給開始年齢のさらなる引上げや引上げペースの前倒しが提示されました。しかし、世論の反響が大きかったため、厚生労働大臣が見直し時期を中長期とすると会見で発表し、トーンダウンしました。60歳から65歳への引上げにおいても、当初の提案が1980年に行われたにもかかわらず、その決定に至るまで10年以上かかっており、経済団体と労働組合の双方が前向きでないむずかしい課題といえるでしょう。そのため、今後も具体的な進展はむずかしいという見方があります。

その一方で、前述の有識者のように支給開始年齢の引上げを早めに議論すべきという意見もあります。60歳から65歳への引上げにおいては、当初の提案から決定されるまでや、決定されてから開始まで、さらに開始から完了までに相当の年数がかかっています。支給開始年齢の引上げに伴って就業期間の延長に向けた社会全体の取組みが必要なため、早めに議論を始めるべきという考え方です。

また、支給開始年齢の引上げは政治的にむずかしい問題であるため、別の方法での解決も考えられます。2004年改正で導入されたマクロ経済スライドでは、毎年の削減率を公的年金の加入者数の減少割合と受給者の平均余命の伸びの合計として設定しています。つまり、長寿化に伴って年金を受け取る期間が延びますが、その分だけ年金額を引き下げることによって、長寿化による支出の増加を抑えようという考え方です。

いずれにしても、今後の長寿化の進展に注目して、なんらかの対策を絶えず検討していく必要があるでしょう。

7 公的年金改革案の概要(5) 民主党案

民主党は、2009年衆議院議員総選挙時のマニフェストで新たな年金制度を提案しました。そのポイントは、①公的年金を一元化する、②納めた保険料に応じて年金を受給できる「所得比例年金」を基本とする、③所得比例年金が少ない場合には「最低保障年金」で補足する、の３点です。

(1) 制度の一元化

現行制度では、自営業や会社員などの働き方によって加入する制度が異なります。これを、自営業や正社員、非正規労働者、専業主婦など全員が、働き方に関係なく同じ制度に加入するようにすることを、一元化といいます（図表１－７参照)。

制度を一元化する理由の１つに、非正規労働者の増加があります。現行制度では、正社員は厚生年金に加入しますが、現在、労働者の３人に１人に達している非正規労働者の多くには厚生年金が適用されていません。この結果、国民年金の第１号被保険者に占める自営業の割合は約４分の１に低下し、かわりに約４割を会社員などの被用者、約３割を無職が占めるという状況です。

このことは、非正規労働者の年金が不十分になるという問題を引き起こします。正社員には基礎年金のほかに厚生年金も支

図表１－７　民主党案のイメージ

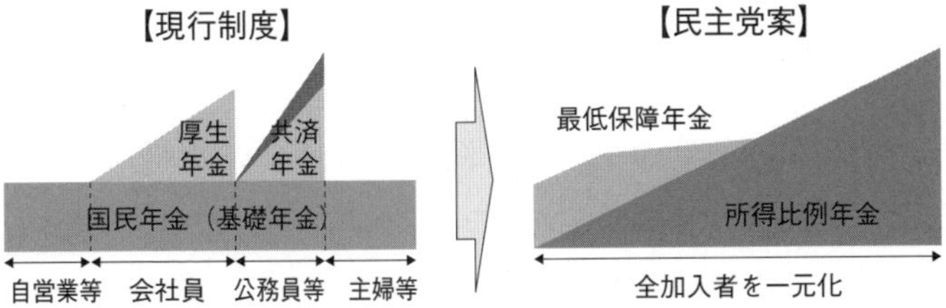

給され、安定した老後の糧となっています。しかし、国民年金はもともと専業農家などの自営業を念頭に設計されており、老後においても基礎年金以外の収入があることが想定されています。そのため、自営業と違って基礎年金しか老後の糧がない非正規労働者は、安定した老後を送ることが困難です。また、働き方によって分立した現行制度は、企業が非正規労働者を積極的に採用する動機となり、正社員との格差問題や若者の人生設計を困難にする一因になったともいわれています。

この問題への対処として、パート労働者への厚生年金の適用法案が国会に提出され、成立しました。これも解決策の１つですが、働き方によって加入する制度が異なる状況は続くため、根本的な解決にはならないというのが民主党の考えです。一元化すれば制度間の線引きが不要になり、退職時に変更手続がもれたり、同じ仕事でも労働時間によって負担や給付が異なるなどの問題が発生しないとしています。

⑵　所得比例年金の導入

一元化された制度では、すべての加入者が「所得比例年金」に加入することになります（図表１－７参照）。所得比例年金は、負担と給付を明確化することを目的に設立される制度で、個人ごとの保険料を個人ごとの勘定に仮想的に積み立て、その累積額をもとに年金額を決める仕組みです。所得に応じた保険料を負担し、負担額に応じて年金額が決まるため、結局は年金額は現役時代の所得に比例して決まります。そのため、所得比例年金と呼ばれます。

保険料や給付の基礎となる所得は税と共通の番号制度で把握し、歳入庁が税と保険料を一体で徴収する計画です。また、所得比例年金の財源には、負担と給付を明確化する観点から税財源は投入されず、保険料だけでまかなわれる予定です。

なお、保険料の積立が仮想的というのは、個人の記録管理上つまり帳簿上だけであって、実際の保険料が個人ごとに現金で保管されたり、その利息が現金で支給されるわけではない、という意味です。仮想的とはいえ帳簿上はきちんと管理されていますので、銀行の預金口座などと同様と考えておけばよいでしょう。

⑶　最低保障年金の導入

現在の基礎年金は、保険料をきちんと納めていれば全員に同額が支給されます（図表１－７の左の図参照）。しかし、基礎年金財源の半分は税（国庫負担）となっており、所得再分配の観点から、高所得者への給付を不適当とする声があります。この問題を解決する仕組みとして考えられたのが「最低保障年金」で、所得比例年金が低額となる場合にのみ支給されます。

2009年衆議院議員総選挙時のマニフェストや政策集では、「すべての人が７万円以上の年金を受け取れる」と同時に、「所得比例年金を一定額以上受給できる人には最低保障年金を減額する」仕組みとされています。最低保障と聞くと、最低保障年金と所得比例年金の合計が定額となり、追加的に働いても年金額がふえないイメージをもたれるかもしれません。しかし、民主党案では、国民に働く意欲をもってもらうため、追加的に働いて現役時代の収入がふえれば、合計の年金額が必ず増える仕組みになっています。

財源については、最低保障年金は低所得者に対する所得再分配政策といえますので、全額を税財源（消費税）でまかなうことになっています。

⑷　今後の論点

民主党案に対しては、いくつかの論点が指摘されています。まず、保険料をかける対象となる所得の把握が、自営業と被用者で異なるという点があります。現在の制度では、被用者は収入に比例した保険料を負担しているのに対し、自営業は全員一律の保険料を負担しているため、この問題は生じていません。しかし民主党案では一元化されるため、この問題が起こります。保険料の問題は、所得比例年金の金額に影響し、結果として最低保障年金にも影響するため、民主党案の根幹にかかわる問題といえます。

次に、保険料を積み立てる際の仮想的な利率や、受け取り始めた後の年金額の改定率も論点です。現在の中間的な案では、日本全体の１人当りの賃金の伸びをベースにしつつ、年金財政の破綻を防ぐため、少子化の分だけ保険料の累積を目減りさせたり、年金化する際に各世代の長寿化を織り込む仕組みになっています。現在予想されている少子高齢化のもとではやむをえない仕組みといえますが、賃金や少子化の状況によっては仮想的な利率がマイナスになる場合も予想されるため、加入者の不満が高まる可能性もあります。

さらに、消費税でまかなうことになっている最低保障年金の財源規模も論点です。2012年の初めに粗い試算結果を公表するかどうかで話題になりましたが、2013年の法案提出に向けて詳細な試算結果がどうなるか、注目されます。

COLUMN コラム② COLUMN

年金改革のタテとヨコ

年金の話題は新聞や雑誌、テレビでよく取り上げられますが、少子高齢化から職員の無駄づかいまでいろいろな問題が取り上げられるので、全容を掴むのがむずかしいかもしれません。そこで、年金問題を整理して理解する1つの方法として、タテとヨコに分ける方法をお勧めします。

ヨコの問題とは、ヨコのバランスの問題です。具体的には、会社員と公務員、自営業と被用者、専業主婦と働く女性、単身世帯と夫婦世帯、低所得者と高所得者など、同世代のなかで立場が違う人どうしの公平感の問題です。20～59歳の日本居住者には加入が義務づけられているため、公的年金には非常の多くの人が加入しています。加えて、自営業や被用者など働き方によって制度が分かれており、その間の公平性が問題視されることがあります。また同じ制度のなかでも、低所得者と高所得者などによって、その仕組みが適切かどうかも変わってくる場合があります。さらに、単身世帯の増加など構成比にも変化がみられるため、時代にあわせた見直しも必要になってきます。

タテの問題とは、脈々と続く年金財政の問題や、異なる世代間のバランスの問題です。少子高齢化という大きな社会の動きに、どのように対応していくかが大きな論点になります。また、現在の加入者は将来の受給者になるという点や、これから生まれてくる子どもたちも将来の加入者になり受給者になっていく、という点にも気を配る必要があります。

このようにタテとヨコに分けるのは、両者の問題には基本的に関連がないためです。たとえば、会社員と公務員のバランスを改善しても基本的に年金財政には影響がありません。逆に、給付削減などで年金財政を改善しても、会社員と公務員のバランスが改善するわけではありません。もちろん、まったく関連がないわけではありませんが、分けて考えたほうが理解が簡単になります。

家に例えるなら、ヨコの問題の解決は家具の配置換えのようなもので、住みやすくはなりますが家の構造自体が改善するわけではありません。家の構造の問題には、別の対策を施す必要があるのです。

COLUMN コラム③ COLUMN

離婚すると年金はどうなるの？

結婚は、だれもが明るい未来を信じてスタートするものの代表でしょう。しかしながら、すべてのカップルが円満な結婚生活を過ごすとは限りません。厚生労働省の人口動態調査によると、2010年に結婚したカップルは約70万組、その一方で離婚は約25万組となっています。離婚をした約25万組の母集団は、これ以前に結婚をしていたカップルが大部分であるため、両者を単純に割り算した結果の約３組中１組が離婚するというわけではありませんが、毎年約25万組が離婚するとの数字をみると、これは非常にまれなこととはいえないでしょう。そこで、離婚をしたら年金はどうなるかを簡単に解説します。

サラリーマンを例とすると、その年金は、１階部分となる国民年金（基礎年金）の上に、２階部分として厚生年金があります。さらにその上に、勤め先によっては厚生年金基金や確定給付企業年金、確定拠出年金の制度があり、これが３階部分となる構造です。このうちの国民年金（１階部分）は、夫婦それぞれが受け取るものなので、離婚をする・しないは関係ありません。では、２階、３階部分はどうなるのでしょう。新聞やテレビ、雑誌で「年金分割」という言葉を聞いたことがあるかもしれませんが、２階部分のみが離婚によって受け取り方が変わってきます。

年金分割の概要を説明すると、これには離婚分割と３号分割の２種類があります。離婚分割は、2007年４月１日に施行されたもので、これ以降に離婚などをした場合に、厚生年金の少ないほうが多いほうに分割を請求して、両者の合意もしくは裁判によって分割割合を決めます。仮に、夫婦共働きで夫の厚生年金が妻より少ない場合は、夫が離婚分割を請求します。次に3号分割ですが、これは2008年4月1日に施行されたもので、2008年5月1日以降に離婚などをした場合に、国民年金の第3号被保険者の請求により、婚姻期間分（ただし2008年4月1日以降）の厚生年金の2分の1が分割されます。サラリーマンを例として、年金分割を説明しましたが、離婚するのはサラリーマンだけではありません。公務員が加入する共済年金も厚生年金と同様に年金分割の対象です。

離婚すると年金がどうなるかを簡単に説明しましたが、もちろん離婚を勧めているわけではありません。このような制度があるということを知るだけにとどめて、何よりも夫婦円満に努めましょう。

第2章

企業年金（確定給付型年金）の概要

1 確定給付型年金の概要と特徴

(1) 確定給付型年金の概要

企業年金は、１階部分のすべての国民を対象とする国民年金と２階部分の民間サラリーマンを対象とする厚生年金の上に位置づけられる３階部分の制度で、企業が従業員に対して任意に設ける私的年金制度です。このうち厚生年金基金と確定給付企業年金に代表されるのが確定給付型年金です（図表２－１参照）。

確定給付型年金は、加入期間や給与等を要素とする給付額の算定方法が年金規約等に定められ、それに従った給付が約束される制度です。給付のための掛け金は企業の外部に積み立てられ、給付以外に利用できないよう分別管理されます。積み立てられた掛け金は、信託銀行や生命保険会社、投資顧問業者を通じてさまざまな資産で運用され、給付に見合う積立金の形成が図られます。このように掛け金の事前拠出と運用収益により給付をまかなうのが、確定給付型年金の基本的な仕組みです。

将来の給付が約束されるため、従業員にとっては老後の生活設計が立てやすいというメリットがあります。いくつかの事例にみられるように、将来の給付が減額される可能性もありますが、企業が将来の給付を減額する場合には所定の要件を満た

図表2－1　確定給付型年金の構成

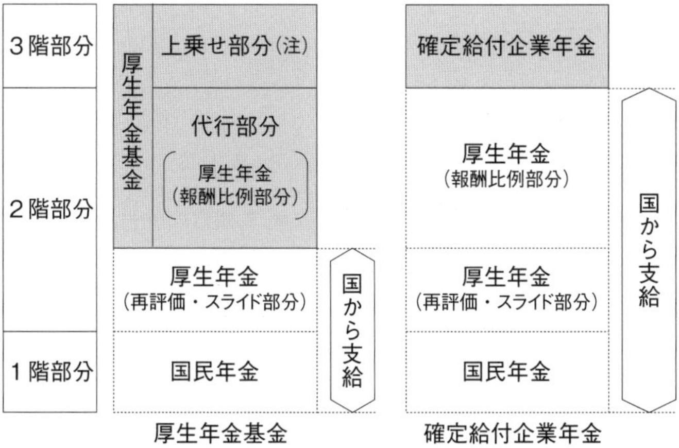

（注）一般的にはプラスアルファ部分と呼ばれています。上乗せ部分は、代行部分と同じ算定方法により給付される部分と、独自の給付設計が可能な加算部分で構成されます。

し、最終的に行政の認可・承認を受ける必要があるなど、給付減額は制限されています。

企業にとっては掛け金を長期間にわたり分割拠出することで、退職給付にかかわる費用を平準化できること、さらには税制上の優遇措置を受けられるというメリットがあります。運用収益が予定を上回れば、先々の掛金負担を軽減することもできます。その半面、運用収益が予定を下回ったり、損失が生じたりすれば、企業はその穴埋めを迫られます。運用成績の不振により積立金が予定どおりにふえない場合には、将来の給付の確実性を高めるために、予定を下回る額に相当する掛け金を追加拠出する必要があるのです。このように、運用リスクを負担しなければならないことが、企業にとっての最大のデメリットといえます。

(2) 厚生年金基金とは

厚生年金基金は２階部分の厚生年金保険の一部（報酬比例部分）を国にかわって運営し、これに基金独自の給付を上乗せする確定給付型年金で、公的年金の一部を代行することを特徴としています。厚生年金保険法に基づき厚生労働大臣の認可を受けて設立された厚生年金基金が、掛け金の徴収や年金の支給、積立金の運用などの一連の年金関連業務を行います。

厚生年金基金の設立形態には、企業が単独で設立する単独設立、企業グループなどの関連企業が共同で設立する連合設立、業界団体や地域団体等、基金を設立しようとする企業に対して指導力を有する組織母体を中心に共同で設立する総合設立の３形態があります。現在は、総合設立が全体の85％を占める状況となっています。

代行部分に上乗せする給付のうち加算部分については、算定ルールに基金独自の考え方を反映できるなど、特色ある給付設計が可能となっています。しかし、上乗せ部分の給付水準を代行給付の一定割合よりも高くし、終身年金を一定程度組み込む必要があるなど、公的年金を代行する制度であるがゆえの制約も課されています。

厚生年金基金を設立すると、国に納めるべき厚生年金保険料のうち代行給付に相当する保険料の支払が免除されます。この免除保険料と上乗せ給付のための掛け金が基金で運用され、給付に充てられます。厚生年金基金の掛け金は労使折半が原則ですが、実態的には免除保険料は厚生年金保険料と同様、労使折半、上乗せ部分の掛け金は事業主負担が一般的です。

(3) 確定給付企業年金とは

確定給付企業年金は、代行部分のない純粋な企業年金制度で、基金型と規約型の２つの制度があります。基金型は母体企業とは別の法人格をもった企業年金基金を設立し、基金が資産管理や給付などの年金関連業務を行う制度です。規約型は労使が合意した年金規約に基づいて、制度を導入する企業と信託銀行・生命保険会社等が契約を締結し、企業の外部で年金資産を管理・運用する制度です。

基金型と規約型とでは企業年金制度の運営主体が基金か企業かといった違いはありますが、それ以外には実質的な違いはありません。給付設計は公的年金の側面をもつ厚生年金基金よりも自由度が高く、給付期間についても５年以上という制約のみとなっています。掛け金は原則として企業負担とされています。ただし、厚生年金基金でも企業独自の上乗せ部分の掛け金は企業負担が一般的ですので、掛金負担に関しての実質的な違いはないというのが実態のようです。

(4) これまでの経緯

わが国の企業年金制度は、1962年の適格退職年金（2012年３

月に廃止）と1966年の厚生年金基金の創設とともにスタートしました。その後、退職金制度の年金化ニーズの高まりや税制上の優遇措置、さらには、年率で5.5%という運用収益の獲得目標（予定利率）を容易に達成できる経済環境に恵まれたことを背景に、適格退職年金と厚生年金基金は急速に普及しました。特に、厚生年金基金は、代行による年金資産の増大が運用益を拡大させるスケールメリットを享受できたことも、導入企業の増大に寄与しました。

しかし1990年の資産バブル崩壊以降は、状況が一変しました。運用環境の悪化により、企業年金は予定した運用収益をあげることがむずかしくなり、掛け金を増額せざるをえない状況に陥りました。スケールメリットが一転して重荷と化したのです。こうした状況を受けて、1996年に運用規制の緩和、1997年には5.5%に固定されていた予定利率の自由化が実施されましたが、大きな状況の改善には至りませんでした。むしろ、十分な運用収益を得られないことによって生じる積立不足は、2000年度の退職給付会計の導入により、母体企業の財務に影響を及ぼすことも懸念され始めました。また、経済環境や社会構造の変化によって拡大しつつある雇用流動化への対応も求められるようになりました。

こうしたなか、1990年代を通じて浮上した課題に対応するため、2001年に確定拠出年金法が、2002年には確定給付企業年金法が法制化されました。同時に、厚生年金基金の代行部分を国に返す代行返上が可能となり、厚生年金基金の過大な運用リスクを軽減する道が開かれました。代行返上後に残る上乗せ部分は、確定給付企業年金へ移行することができるようになったため、単独設立や連合設立を中心に代行返上が進んでいます。

なお確定給付企業年金法の制定により、厚生年金基金を含む確定給付型年金の制度運営において、積立義務や企業年金の管理・運営にかかわる者の責任や行為準則、年金規約の周知や財政状況等の情報開示など、受給権を保護する基準が明確化されました。一方で、税法を根拠法とし、受給権保護の観点で見劣りする適格退職年金は2012年３月の廃止が決定されました。こうした受給権保護の強化や年金制度の再編は、公的年金を補完しサラリーマンの老後生活を保障する制度として、企業年金の重要性が高まっていることを明らかにするものといえます。

2 財政運営と継続基準・非継続基準

(1) 財政運営の流れ

将来の給付があらかじめ約束された確定給付型年金の財政運営上の目的は、将来の給付を確実にすることです。このため、遠い将来にわたって給付が滞ることがないように、長期的なスパンで資金・運用計画が立てられます。実際には、将来に発生する給付や掛け金の現時点での評価額である現価という概念を利用し、「給付現価＝掛金収入現価＋積立金」という収支の均衡関係が成り立つように、掛け金が計画されます。この際、将来の財政に影響する利率（運用利回り）、脱退率、死亡率、昇給率などの基礎率についての見込みが考慮されます。

しかし現実には経済や経営環境、社会構造などが常に変化し、見込みどおりに運用収益が得られない、中途退職者が想定ほど多くないなど、見込みと実績には乖離が生じます。こうした乖離によって、見込みに基づく年金財政の均衡は崩れることになります。将来の掛金収入と積立金が、将来の給付をまかなうのに必要な額を大幅に下回る積立不足を放置すれば、約束どおりに給付を支払えないといった事態を招くことにもなりかねません。

こうした事態を未然に防ぐためには、定期的に財政状況を確認し、状況に応じてすみやかに財政を立て直す枠組みの構築が不可欠です。適正な財政運営は、受給権保護の観点からもきわめて重要です。このため、確定給付型年金では、財政再計算・財政決算・財政検証といった財政運営上の手続や積立基準が具体的に定められています。法令や年金数理などの専門的な知識に精通する年金数理人は、こうした一連の財政運営において重要な役割を担っています。

(2) 財政再計算・財政決算・財政検証

財政再計算とは、予定利率等の基礎率を最新の情報を反映して全面的に洗い替え、それをふまえて掛け金を再計算することです。過去に発生した財政上の過不足をすべて解消し、長期的な均衡、すなわち、「給付現価＝掛金収入現価＋基準日の積立金」を再構築することを目的とする、財政運営上最も重要な手続です。確定給付企業年金では少なくとも５年に１回、厚生年金基金では５年に１回の実施が義務づけられています。

財政決算とは、運用収益や掛金収入、給付支払などの１年間の年金財政上の収支や、決算時点の積立金（年金資産）と年金負債の状況を損益計算書および貸借対照表によって明らかにすることで、毎年１回の実施が定められています。

この財政決算で把握した数値に基づいて、毎年１回財政の健全性を確認するプロセスが財政検証です。将来の給付をまかなうために、積立金が適切な範囲に積み立てられているかをチェックします。適切な範囲を逸脱している場合には、次回の財政再計算を待たずに掛け金を見直すことが求められています。なお基礎率については、直前の財政再計算時の見込み数値を適用するのが原則とされています。

財政検証には、継続基準、非継続基準、積立上限額の財政検証の３通りの検証があります。このうち積立上限額の財政検証では、基準日の積立金が法令で定められた上限額を超えていないかを確認します。受給権保護などの観点から積立金が必要額を満たしているかをチェックする継続基準や非継続基準とは、目的が異なる検証です。

(3) 継続基準の財政検証

継続基準は、企業年金制度が今後も継続されることを前提に、現在の掛け金で将来の給付に支障が生じないかをチェックすることを目的とする財政検証です。基準日時点で積み立てておく必要のある金額（責任準備金）に見合う積立金が確保されているかを確認し、掛け金の追加拠出の必要性を判断します。

責任準備金は、「給付現価－掛金収入現価」によって計算される年金負債です。積立金は、保有する資産を、①時価、②数理的評価、③時価と数理的評価の低いほう、のいずれかの方法で評価した金額です。なお、数理的評価は時価変動の影響を平滑化することを目的とした評価方法です。

積立金が責任準備金を下回っている場合には、掛け金を見直すのが原則です。ただしその場合でも、積立不足が所定のルールによって計算される許容範囲（許容繰越不足金）よりも少な

図表2－2　継続基準と非継続基準の積立基準

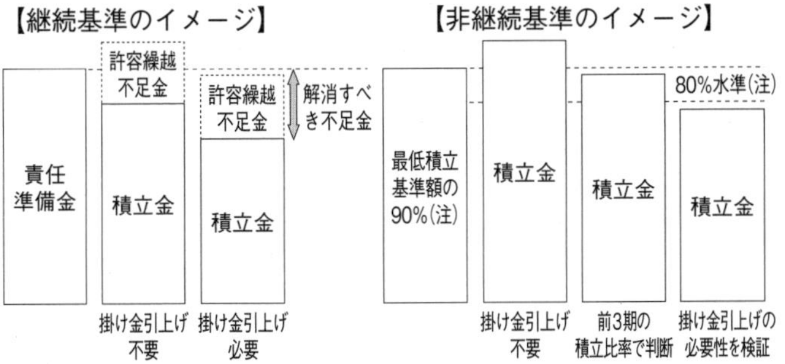

（注）　90%、80%は緩和措置による水準であり、それぞれ100%、90%まで段階的に引き上げられることが決まっています。

ければ、必ずしも掛け金を見直す必要はありません。少額の不足を補てんするために掛け金を見直すのは、年金制度や年金財政の運営上必ずしも効率的とはいえないためです。このため、積立金と許容繰越不足金の合計が責任準備金を上回っていれば、掛け金の見直しは不要とされています。ただし下回っている場合には、責任準備金と積立金の差額を、掛け金の追加拠出により20年以内に補てんすることが求められます（図表２－２左の図参照）。この掛け金は通常の掛け金とは区別され、特別掛金と呼ばれています。

(4)　非継続基準の財政検証

非継続基準は、企業年金制度が直ちに終了すると仮定したとき、加入者や受給者の受給権が保全されるかを確認する財政検証です。この考え方に照らして現時点で積み立てておくべき金額（最低積立基準額）に対し、一定水準以上の積立金が保有されているかを検証し、必要に応じて追加的な掛金拠出の要否を判定します。

最低積立基準額は、過去の勤務と将来の勤務予測に基づいて決まる将来の給付額のうち、過去の勤務に対応して保全されるべき金額を、厚生労働大臣が定める利率で基準日の価値に換算した年金負債です。積立金は、時価による評価のみが認められています。

2013年３月30日までの決算では、「期末の積立比率（積立金の最低積立基準額に対する比率）が90％以上」、または、「期末の積立比率が80％以上、かつ、前３期のうち少なくとも２期の積立比率が90％以上」の、いずれかを満たすことが積立基準となっています。積立比率の下限は毎年２％ずつ引き上げられ、2017年３月31日以降の決算では、積立基準が「期末の積立比率が100％以上」、または、「期末の積立比率が90％以上、かつ、前３期のうち少なくとも２期の積立比率が100％以上」に変更されることが決まっています。

決算期末における積立比率が、上記の積立基準をクリアすれば、掛け金の見直しは不要です。しかし、基準に抵触する場合には、掛け金の追加拠出が必要かどうかを検証します（図表２－２右の図参照）。追加拠出が必要となる場合には、追加の掛け金を設定することになりますが、この掛け金は特例掛金と呼ばれています。

なお、厚生年金基金の場合は、上記の最低積立基準額による積立基準のほか、厚生年金保険の代行部分の債務である最低責任準備金に基づく積立基準についてもチェックし、掛け金の追加拠出の必要性が判断されます。

3 給付額の算定方法とキャッシュバランスプラン

(1) 確定給付型年金の給付額の算定方法

確定給付型年金では給付額の算定方法として、主に①定額方式、②給与比例方式、③ポイント制、④キャッシュバランスプランの４通りがあります。

定額方式は、給付額を勤続年数や加入期間に応じた定額としてあらかじめ決めておくものです。勤続年数が同じであれば、加入者すべてに差別なく一律の給付額が支払われます。最もシンプルな方式であり、将来の給付額が想定しやすいことが特長です。しかし、企業への貢献度合いがいっさい反映されないといったデメリットがあります。

給与比例方式は、給与や加入期間を要素として給付額を算定する方式で、給付額が給与にリンクするところに特徴があります。給与比例方式は、最終給与比例方式や平均給与比例方式などに分けられます。最終給与比例方式は、「退職時の基準給与×勤続年数に応じて定めた支給率」によって給付額を算定する方式です。給付算定のための基準給与が年齢とともに上昇する場合には、勤続年数が長いほど支給率が高くなるように設計することで、長期勤続のインセンティブとすることができるため、終身雇用が一般的であった時代から広く用いられている給付額算定方法です。ただし、勤続年数の短い中途採用者を十分に処遇できないといった問題点が指摘されています。

ポイント制は、能力や役職、勤続年数に応じて付与されるポイントを累計し、「累計ポイント×１ポイント当りの支給額(単価)」により、給付額を算定する方式です。勤続中の職能資格に応じた職能ポイントと、勤続年数に応じた勤続ポイントの２種類を付与するのが一般的です。能力や実績等の実質的な企業への貢献度合いをポイント化して従業員に付与することで、給与体系に依存しない成果主義にのっとった給付設計が可能な点が最大の特徴です。最終給与比例方式に比べ、中途採用者への処遇を厚くしやすいこともあり、従業員の処遇体系や雇用慣行の変化とともに、近年、採用する企業がふえています。ただし、資格や昇格の基準が明確に定められていること、勤務年数等が同一の従業員間で過大なポイント格差が生じないこと、数理計算が可能であること、といった要件を満たす必要があります。

キャッシュバランスプランは米国で普及してきた制度で、2002年に確定給付企業年金が導入された際に、わが国でも適用が認められた確定給付型年金の給付額算定方法の１つです。給与比例方式やポイント制を発展させた考え方で、市場実勢に見合った利息を反映して給付額を算定する方法です。確定拠出年金と類似する特徴を併せ持つことから、ほかの給付額算定方法を適用する確定給付型年金とは区別され、混合型（ハイブリッド型）年金と呼ばれることがあります。キャッシュバランスプランは、確定給付企業年金だけでなく、厚生年金基金の加算部分（代行部分に上乗せされる基金独自の給付設計が可能な部分）の給付にも適用することができます。

(2) キャッシュバランスプランの仕組み

キャッシュバランスプランは、各期の勤務に応じて配分される金額（拠出クレジット）と、所定の利率により計算される前期末のクレジット残高に対する利息（利息クレジット）を積み上げていき、退職時のクレジット残高に基づき給付額を決定する制度です。

具体的には、「前期末クレジット残高×利率」により当期利息クレジットを計算し、「前期末残高＋当期利息クレジット＋当期の勤務に対応する拠出クレジット」により当期末のクレジット残高を計算する、という流れを繰り返し、クレジットを積み上げていきます。個人ごとに設定する仮想勘定で、入社から退職までのクレジット残高を管理し、退職時のクレジット残高を原資として年金や一時金を支給する仕組みです（図表２－３参照）。

拠出クレジットは、①定額、②基準給与×一定率、③ポイント×単価×一定率のいずれかの方法により算定されます。②は給与比例方式に準じた方法で、③はポイント制に準じた方法です。

利息クレジットの計算に適用する利率は、法令により以下の①～④のいずれかの基準により決定することとされています。

図表2－3　キャッシュバランスプランのイメージ

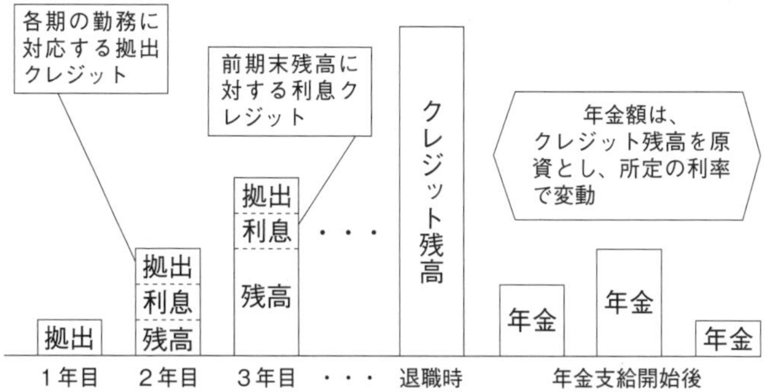

①　定率

②　国債の利回りその他の客観的な指標であって、合理的に予測することが可能なもの（全国消費者物価指数、賃金指数、東証株価指数など）

③　国債の利回り等に一定の利率を上乗せしたもの（①と②を組み合わせたもの）

④　②や③の率に上限または下限を設定したもの

ただし、いずれの場合も利率の下限は０％に制約されています。

キャッシュバランスプランでは、退職時の給付額算定に利息を反映するだけでなく、支給開始後の年金額も所定の利率で改定するように設計するのが一般的です。なお、支給開始後の年金額の改定だけにキャッシュバランスプランを適用することも可能となっています。こうした制度は、キャッシュバランスプラン類似制度と呼ばれています。

(3) キャッシュバランスプランの特性

キャッシュバランスプランは、個人ごとに設けられた仮想勘定により残高が明瞭に管理されている点や、国債利回りなどを利率とする場合において市場実勢に応じて給付額が変動するという点で、確定拠出年金と類似する制度です。

しかし、キャッシュバランスプランの個人別の仮想勘定は、給付額を算定するための勘定であり、勘定残高に相当する年金資産が個人に帰属するわけではありません。また、年金資産は制度全体で管理・運用され、不足が生じれば企業が掛け金を追加拠出して穴埋めする必要があります。将来の給付額が変動するといっても、毎期の利息計算に適用される利率は０％以上に制約されているため、過去に積み上げた残高から算定される給付額は保障されます。もちろん、このほかについても、確定給付型年金の規定に従う必要があります。以上のように、類似とはいえ、確定拠出年金とは大きく性格が異なる制度です。

他方、ほかの給付額算定方法と比べた場合には、退職給付債務の変動を抑制できることが特長としてあげられます。退職給付債務は、将来の給付額の現在価値として計算される退職給付会計上の年金債務です。国債利回りが低下すると増加し、上昇すると減少する特性を有しています。一方、キャッシュバランスプランの利率を国債利回りとした場合、国債利回りが低下すると、利息クレジットや将来の給付額は減少します。つまり、キャッシュバランスプランでは、国債利回りが低下するときに、将来の給付額の減少を通じて、退職給付債務の増加を緩和することができるのです。こうした退職給付債務を安定化させる効果は、キャッシュバランスプランを採用する際の最大の動機となっています。ただし、単に利率を国債利回りとするだけでは、十分な安定化効果が得られるとは限らないことに留意が必要です。

4 給付と税制

(1) 年金の種類

確定給付型年金は、従業員の老後生活を保障するための老齢給付金を、年金という方法で支払うことを最大の目的とした制度です。一口に年金といっても、実際にはいくつかのタイプに分類することができます。まず支払条件の違いでは、確定年金と生命年金に分けることができます。確定年金は5年、10年、20年など一定の給付期間を設定し、給付期間中は受給権者の生死にかかわらず支給する年金です。一方、生命年金は、受給権者の死亡により支給が停止する年金です。生命年金はさらに支払期間によって、有期年金と終身年金に分けられます。有期年金は、あらかじめ設定された期間を限度に、死亡するまで支払う年金です。つまり、死亡か期間満了かのいずれかに該当したとき支給が停止されるタイプの年金です。終身年金は受給権者が死亡するまで支払う年金です。また、終身年金には、保証期間付終身年金というタイプの年金もあります。保証期間中は生死によらず年金を支給し、保証期間満了後は通常の終身年金と同様、受給権者が死亡するまで支払う年金です。確定年金と終身年金を合成した年金と考えることができます。

(2) 確定給付型年金の給付の種類

確定給付型年金の給付には、老齢給付金、脱退一時金、遺族給付金、障害給付金の４種類があります。老齢給付金は、加入者または加入者であった者が、支給開始年齢への到達など、一定の支給要件を満たすこととなったときに支払われる給付です。いわゆる企業年金に相当する給付ですが、一時金を支給方法の選択肢の１つとして加えることができます。脱退一時金は、中途退職などの支給要件を満たしたときに一時金として支払われる給付です。老齢給付金の受給資格のない加入者への給付を確保するためのものです。遺族給付金は、加入者や受給者などが死亡したときに、遺族に対して支払われる給付で、年金もしくは一時金として支給されます。障害給付金は、厚生年金保険法に規定される１～３級の障害等の状態となり、支給要件を満たした者に対する給付で、年金または一時金として支払われます。

４つの給付のうち老齢給付金と脱退一時金は、各企業の年金制度で給付のラインナップとして加えることが義務づけられています。一方、遺族給付金と障害給付金は各企業の任意で設定することができます。

各種給付の支給要件は、各企業、各基金が独自に年金規約に定めることができます。ただし、年金規約に定めることができる要件は、法令により一定の制約が課せられています。たとえば、老齢給付金の支給要件とする加入期間は20年以内、支給開始年齢は60歳以上65歳以下（厚生年金基金は65歳まで）の範囲で規約に定めることとされています。また、脱退一時金の支給要件とする加入期間は３年以内で定める必要があります。このほかにも支給要件として認められる範囲や基準が定められています。

(3) 税制について

確定給付型年金による給付の税制上の取扱いは、給付の種類や支払方法、確定給付企業年金か厚生年金基金かの違いによって異なります。

老齢給付金を年金で受け取る場合は、雑所得として所得税・住民税が課税されます。ただし、公的年金等控除の対象となります。一時金として受け取る場合は、退職所得として課税されます。脱退一時金は一時所得として所得税・住民税が課税されます。障害給付金は非課税です。遺族給付金は制度によって取扱いが異なり、確定給付企業年金からの給付は相続税の課税対象となりますが、厚生年金基金の場合は非課税とされています。

5 ポータビリティ

(1) 企業年金のポータビリティ拡充の背景

1990年代に入り、経済のグローバル化や産業・社会構造の変化を背景に、終身雇用が一般的であった雇用形態には変化がみられ、雇用の流動性が高まり始めました。こうした雇用環境の変化を受け、中途退職者の老後保障が大きな課題として浮上しました。確定給付型年金では一定以上の加入期間を年金の支給要件とすることが一般的ですが、こうした要件を満たせずに年金の支払を受けられない中途退職者の増大が懸念されたのです。そこで課題解決の一方策として必要性が高まったのが、企業年金のポータビリティ、すなわち、転職時に年金資産を転職先に持ち運ぶ仕組みです。

ポータビリティを備える制度としては、2001年に導入された確定拠出年金があります。しかしながら、これは確定拠出年金間での持運びに限定され、企業年金の資産残高の大部分を占める確定給付型年金のポータビリティを確保するものではありませんでした。そこで、中途退職者の老後保障の充実を図るために、2005年10月から施行されたのが、企業年金のポータビリティの拡充策です。

(2) 確定給付型年金のポータビリティの概要

確定給付型年金のポータビリティ（脱退一時金相当額の移換）とは、中途退職により企業年金制度から脱退する際、脱退一時金相当額を再就職先の企業年金制度や企業年金連合会に移換することを可能とするものです。ポータビリティを利用すると、移換元、すなわち、転職前の企業年金制度における加入期間の全部または一部が移換先の制度に引き継がれます。引き継がれた期間に移換先の加入期間が合算されて、移換先の規約に従う年金が支払われることになります。また、脱退一時金相当額の移換の際に課税も免除されるため、中途退職者の老後生活の資金準備という点で、メリットのある仕組みといえます。

確定給付企業年金と厚生年金基金からの移換が可能な先は、転職先の企業年金制度（厚生年金基金、確定給付企業年金、企業型確定拠出年金）、個人型確定拠出年金、企業年金連合会です。

図表2－4　確定給付型年金のポータビリティ

		移換先				
		厚生年金基金	確定給付企業年金	企業型確定拠出年金	個人型確定拠出年金	企業年金連合会
移換元	厚生年金基金	△	△	○	○	○
	確定給付企業年金	△	△	○	○	○

○：移換可能。
△：移換先、あるいは移換元と移換先の双方で、規約に定められている場合は移換可能。

ただし、確定給付企業年金や厚生年金基金に移換する場合は、移換元と移換先の双方、もしくは移換先で、年金資産の移換が規定されていることが条件となっています（図表２－４参照）。一方、確定拠出年金からの移換先は、引き続き転職先の企業型確定拠出年金、または個人型確定拠出年金に限定されています。

このようなポータビリティは、中途退職者の申請により行われる手続です。年金資産の移換を望まない場合は、脱退一時金を受給することになります。

6 会計制度の見直し・IFRSの影響

(1) 会計基準をめぐる動向

企業年金と退職一時金に共通する現在の退職給付に関する会計基準は、時価主義と発生主義を原則としています。この原則は、IFRS（国際会計基準）への調和を図り、退職給付にかかわる積立状況を母体企業の財務諸表に適切に反映することを目的として、2000年度に初めて導入されました。

しかし導入時に日本独自の基準が盛り込まれたことや、その後国際会計基準が時価主義の厳格化を進めてきたことにより、日本の会計基準と国際会計基準の隔たりが拡大しました。このため現在、国際会計基準との主要な違いを解消するため、日本の会計基準の見直し（コンバージェンス）作業が継続的に進められています。

また、国際会計基準を日本基準として強制適用することの是非についての議論もされています。強制適用が是認されると、早ければ2017年度にも国際会計基準が導入される可能性があります。

企業会計は、投資家の適切な判断に資する情報開示が目的であり、世界的に企業間の比較が可能な共通の基準が理想です。国際会計基準が強制適用されるかどうかは現時点では不透明ですが、会計の目的や経済のグローバル化をふまえると、予定されるコンバージェンスがいったん終了した後も、日本の会計基準を国際会計基準に収斂させる検討が続けられる可能性があります。

(2) 現行（2012年度現在）の日本の会計基準の概略

退職給付に関する会計基準は、将来の年金や退職金の支払に備えて積み立てられるべき金額（退職給付債務）と年金資産のバランス状況や前期比増減を退職給付会計で把握し、母体企業の貸借対照表や損益計算書に適切に反映させるための処理基準です。

母体企業の貸借対照表では、退職給付債務から年金資産を控除した差額（以下、ネット債務）を負債として計上するのが、退職給付にかかわる会計基準の原則です。退職給付債務は、将来の退職時に支払が見込まれる退職給付のうち、過去の労働提供の対価として受給権が発生していると認められる金額を、国債等の市場利回りを割引率として決算期末の価値に割り引いて計算される時価（公正価値）ベースの債務です。年金資産も時価評価額が適用されます。このため、この原則に従えば、市場価格や市場利回りの変動に伴い、負債計上額は毎期変動することになります。

しかし現行の日本基準では、「退職給付債務－年金資産－未認識債務」として計算される退職給付引当金を、貸借対照表の負債として計上する取扱いとなっています（図表２－５参照）。

図表2－5　貸借対照表へ計上する退職給付に係る負債

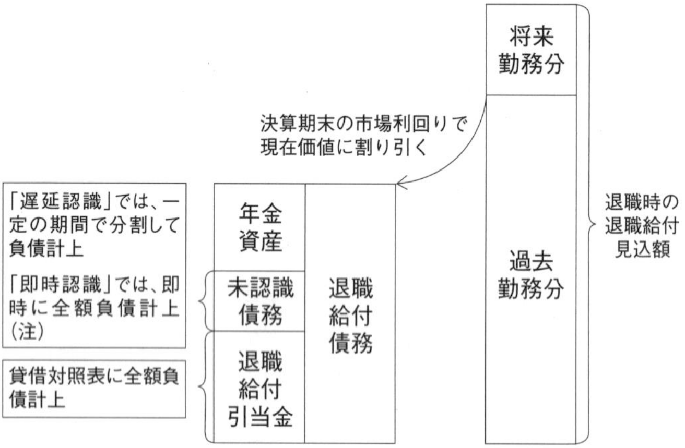

（注）　新会計基準（2012年５月17日公表の企業会計基準第26号）で「即時認識」が適用される連結決算では、上記の「未認識債務+退職給付引当金」を、「退職給付に係る負債」として貸借対照表に負債計上。

通常、ある前提（割引率が前期末と同水準、見込みどおりの運用収益を確保など）に従って期末の退職給付債務や年金資産が事前に想定されます。しかし現実には、期末実績が事前の想定どおりになるのはまれで、乖離が生じるのが通例です。この実績と想定との乖離によって毎期発生する、「退職給付債務－年金資産」の累計額が未認識債務です。未認識債務は、運用実績や期末の割引率が前提と異なることにより発生する想定外のネット債務です。現行基準では、短期的な運用実績の変動によって母体企業の財務諸表が大きく影響されないように、未認識債務とみなされる想定外のネット債務については、一定の期間で分割して負債計上する「遅延認識」が認められています。

なお、期末の市場利回りを割引率としても、退職給付債務が前期末の割引率によって算定される額から大きく変化しない場合には、前期末の割引率を適用することが、重要性基準によって認められています。

一方、母体企業の損益計算書では、ネット債務（退職給付債務－年金資産）の当期発生分、すなわち前期末から当期末にかけての変化額を、退職給付費用として費用処理することが基本です。

しかし、現行の日本基準では、「退職給付債務－年金資産」の変化額のうち、事前想定に基づく変化額は、その期の損益計算書で費用処理することが義務づけられていますが、運用実績のブレなどにより生じる想定外の変化については、「遅延認識」により一定の期間で少しずつ費用処理することが認められています。

(3)　コンバージェンスの一環で改正された日本の新会計基準とその影響

現行の日本基準と国際会計基準との違いは多岐にわたりますが、なかでも母体企業への影響が最も大きな違いが「遅延認識」を認めるか否かという点です。このためコンバージェンスの一環で改正され、2014年３月期から適用される新会計基準（2012年５月17日に公表された企業会計基準第26号）では、「遅延認識」から「即時認識」への変更が盛り込まれています。

現行の日本基準では、上述のとおり、運用実績のブレなどによって生じる未認識債務（積立不足）を一定の期間をかけて徐々に費用処理し、貸借対照表の負債として計上する「遅延認識」が認められています。一方、新基準では、損益計算書に反映する費用は従来どおり「遅延認識」が認められる一方、連結決算の貸借対照表へは期末に「退職給付債務－年金資産」の全額を負債計上する「即時認識」が義務づけられることになります。なお単体決算では、新基準でも「遅延認識」が認められます。

「遅延認識」から「即時認識」へと変更されると、年金資産の運用収益のブレによる影響がダイレクトに企業の貸借対照表に反映されます。実際の運用収益が期待に反して大幅損失となれば、積立不足は大きくなります。積立不足が全額、貸借対照表の負債に計上されると、資産から負債を控除して計算される貸借対照表上の純資産は減額されることになります。

例として、当期末の退職給付債務を100とし、①当期末の年金資産が想定どおりに60となる、②当期末の年金資産が想定に反し45となる、の２つのケースで、「遅延認識」と「即時認識」の負債計上額を比較してみます。なお、前期末の未認識債務は０と仮定します。ケース①では未認識債務の当期発生額は０であるため、退職給付引当金は40（=100－60－０）となります。一方②では、年金資産が想定額60を下回ることから未認識債務が15（=60－45）発生し、退職給付引当金は40（＝100－45－15）となります。

未認識債務を翌期以降で分割計上できる「遅延認識」では、

ケース①、②ともに当期末に負債計上すべき金額は、退職給付引当金の40で変わりません。一方、「退職給付債務－年金資産」全額を即時計上する「即時認識」では、ケース①では40に対し、②では55を貸借対照表に負債計上する必要があり、その分純資産が減少します。

このように「即時認識」のもとでは、運用成績に連動して貸借対照表上の負債、ひいては純資産も大きく変動することになります。運用結果次第では純資産が大きく毀損されかねないため、退職給付債務や積立不足の純資産に対する比率の大きい企業では、年金制度や年金運用の適切性を再確認する必要があります。

(4) 国際会計基準の強制適用

国際会計基準の強制適用が実現する場合、2011年６月に改正された退職給付に関する国際会計基準（IAS19号）が適用されることになります。日本の新基準との主な違いは、退職給付費用が発生要因別に３つに分解されて費用処理されることと、開示項目がいっそう拡充されることの２点です。

2014年３月期から適用される日本の新会計基準でも、年金資産で保有する株式、債券などの各資産の投資割合や、退職給付債務と年金資産の前期末と当期末の残高など、開示項目の拡充が図られています。しかし、国際会計基準では、この日本の新基準よりもさらに踏み込んで、企業年金制度によってもたらされるリスクや影響に関する開示も求められます。

年金制度運営の実態がいっそう詳細に明らかにされるため、これまで以上に年金制度の管理運営のあり方が厳しく問われることが想定されます。

第3章

確定拠出年金の概要

1 確定拠出年金の概要と特徴

(1) 確定拠出年金の概要

確定拠出年金とは、日本において2001年に導入された新しい年金制度です。以前からあった適格退職年金および確定給付企業年金や厚生年金基金（以下、確定給付企業年金等）などの企業年金とは、年金資産の運用について大きく方法が異なります。確定給付企業年金等では、勤務先の企業が年金資産を確保して従業員に対する退職後の給付を約束していますが、確定拠出年金では、企業から定期的に在職中の従業員に対し拠出金が付与されます。従業員にいったん付与された拠出金は、当該従業員の持分として管理され、退職等の場合でも原則として年金給付開始予定とされている60歳到達までは現金化して受け取ることができません。従業員は付与された拠出金を自分で選んだ対象に投資し、その成果を年金として受け取ることになります。

確定拠出企業年金においては、年金資産の運用責任が勤務先企業ないし年金基金から加入者である個々の従業員に移転されていることに、大きな意味があります。年金制度を運営する母体企業からみると、従来のような年金の運用や会計面での負担に頭を悩ませる必要がなくなります。一方、加入者である従業員からみると、将来受け取る自分の年金を自分で運用するということで投資に対する関心が高まるでしょう。運用の結果として、高い運用成果が得られるならば、より多くの年金を受け取ることができます。一方、運用に失敗した場合には、あまり多くの年金が受け取れなくなってしまいます。結果として、自分の年金を勤務先に任せきりにせず、自らが投資経験をもつことができる制度になっているのです。

確定拠出年金には、企業に勤務している従業員の加入する企業型と自営業者等の加入する個人型とがあり、必ずしもすべてが確定給付企業年金等の代替というものではありません。個人型の確定拠出年金については、国民年金基金と同様に国民年金（基礎年金）に対する上乗せとなっている自営業者向けのほかに、企業型の確定拠出年金の加入者が年金受給年齢到達以前に退職して自営業者になった場合等に、既存の企業型確定拠出年金の残高を引き継いで加入を継続することがあります。

欧米においては、日本よりも先行してこのような確定拠出年金が開始されていました。比較的早期に導入された結果、株価の上昇局面で年金原資の拡大が可能となり、年金受給者に好感されていますが、日本では導入されてから株安・円高といった投資環境が継続しているために、投資によって十分なリターンが得られていない加入者が多くなっています。欧米の企業では確定拠出年金の導入によって、運用負担から免れた企業にとっても、より高い運用成果を得ることのできた従業員にとっても、メリットがあったとみられています。しかし、残念ながら日本においては、これまで必ずしも良好な運用環境ではありませんでした。もっとも、年金の運用は、比較的年齢の若い従業員からみると長期的な投資のチャンスであり、今後の運用環境の好転で、より多くの年金額を受け取ることができるようになる可能性があります。

(2) 確定拠出年金の運用

確定拠出年金の運用に際しては、まず、加入者は運営管理機関が選んだ投資対象候補のなかから、掛け金の振向け先を指定します。一般的には、元本確保型の預金や保険のほかに、内外の債券や株式を投資対象とするさまざまな投資信託商品がラインナップされています。投資先を考える際には、それぞれの商品のリターンやリスクといった特性をよく考える必要があります。リターンの高い商品は価格変動幅が大きいことが多いので、組合せには注意が必要です。

投資対象については、掛け金での購入商品を変更することができるほか、すでに保有している投資商品を売却して保有資産を組み替えることも可能です。どちらについても変更の回数や時期に制限が課されており、頻繁な組替えはできません。実際に、組替えに際しては売買取引の執行コストを要することだけでなく、年金が長期運用であるという本旨に忠実であれば、頻繁な変更は適切でありません。

日本においての確定拠出年金は、導入されて以降、徐々に採用企業数も運用残高もふえています（図表３－１参照）。しかし、税制面で拠出額に上限が設定されているために、確定給付

図表３－１　確定拠出年金の普及状況
（加入者数と採用企業数の推移）

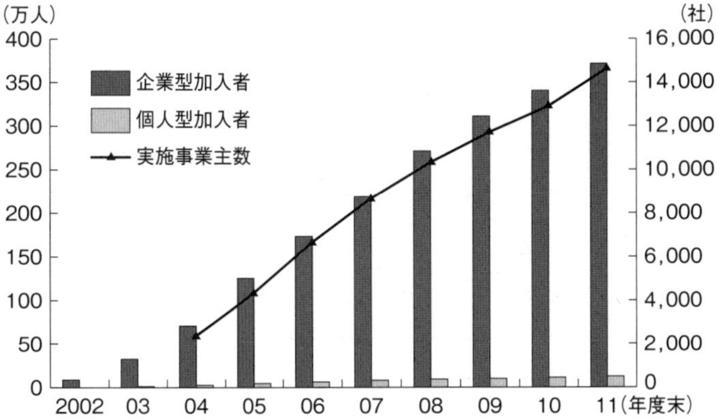

（出典）　厚生労働省の数値をもとに作成。

企業年金等の運用資産残高を上回るまでには至っていません。海外でも、近年、確定拠出年金の採用数は増加していますが、確定給付企業年金等の運用資産残高は依然として大きな規模となっています。

(3)　今後の課題

日本においては、制度導入から10年経ってもあまり確定拠出年金へのシフトが顕著でないといった批判があり、制度開始から10年の節目を意識して、制度の拡充が図られています。引き続き、確定拠出企業年金への移行は継続すると思われますが、そのためには従業員が確定拠出企業年金に加入していることを自分の問題として考える必要があるでしょう。まだ、制度が開始されてからの期間が短いために、これまでの退職者は長い人でも10年程度しか確定拠出年金に加入していないのです。最近の企業では、確定給付企業年金等を全廃して、退職給付金を入社時から前倒しで受け取ったり、確定拠出企業年金に一本化したりする例もみられています。このような場合には、将来の退職時に給付をすべて確定拠出企業年金で受け取るといった事態も生じます。退職して年金を受け取り始めてから後悔しても間に合いません。将来の年金給付額を確保するために、自分の年金資産の運用についてしっかり考えておく必要があります。

2 マッチング拠出とは

(1) 確定拠出企業年金への拠出額

確定拠出企業年金では、企業が従業員に対し定期的に掛け金を拠出する仕組みとなっています。税法上の拠出額の上限が設定されており、しかも、企業による拠出以外（別途、制度変更時の一時金持込みは可能）の資金投入が認められていなかったことが、確定拠出企業年金の残高が拡大する妨げとなっているのではないかと批判されてきました。拠出額の上限は、当初、ほかの企業年金制度の存在しない企業に在籍している場合は月額４万6,000円、ほかに確定給付企業年金等のなんらかの企業年金が存在する場合に月額２万3,000円となっていました。その後、複数回の増額を経て、現在ではほかの企業年金制度の存在しない企業に在籍している場合は月額５万1,000円、ほかに確定給付企業年金等のなんらかの企業年金が存在する場合に月額２万5,500円となっています。

2012年１月には、年金確保支援法によって、従来では行うことのできなかったマッチング拠出（企業型年金加入者掛金）が可能となるように制度が改められています。マッチング拠出とは、企業による掛け金の拠出に際して、加入者掛金の拠出を選択した従業員が企業拠出分とあわせて、税制上の上限を超えな

図表3－2　マッチング拠出の掛け金と限度額

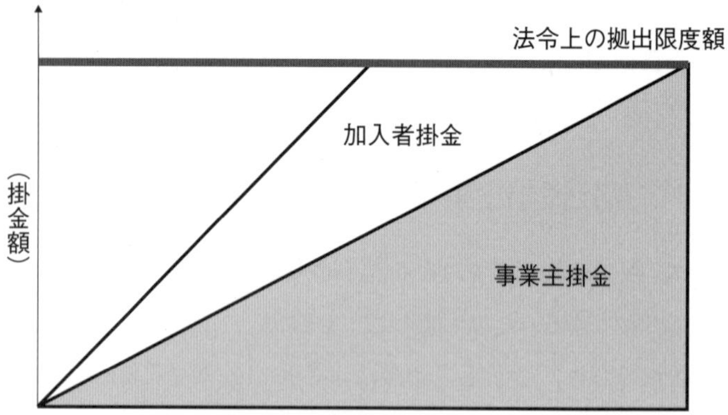

（注）　加入者掛金は事業主掛金を超えない。

い範囲の定額を確定拠出年金に投入することで、運用資産への合計投入金額を大きくするものです（図表3－2参照）。従来では、制度変更時などの一時金持込みがない場合、毎月の拠出額のみではあまりにも投入額が小さく、投資収益による年金資産の積上げ効果が十分ではありませんでした。そのため、マッチング拠出により投入金額をふやすことで、年金資産の早期蓄積を促進するために導入されたものです。加入者掛金の額については、原則として年1回の変更が可能とされています。

⑵　マッチング拠出への期待

そもそもマッチングとは、米国での寄付行為等の際によくみられる仕組みで、寄付金が早く多く集まるようにと、所属企業の認める先への従業員個人の寄付に際して、寄付金額と同額を企業が寄付するといった仕組みです。確定拠出年金の場合には、寄付とは逆で、企業側の拠出金にあわせて、従業員個人が資金を確定拠出年金に投入するものです。

マッチングによって拠出した資金については、企業による拠出と同様に、個人ごとの分別管理がなされますが、定年退職後の年金受給開始年齢まで引き出すことは原則としてできません。また、投資対象が、所属する企業の確定拠出企業年金が採用している金融商品のみとなることから、投資対象が限定されてしまうことになります。自らが積極的に確定拠出企業年金以外に、老後の資産形成を意識した投資を行っているならば、マッチング拠出は不要でしょう。しかし、勤務先の確定拠出企業年金でさまざまな対象に投資するのと同時に、別途、自分の判断で金融商品を探して投資することは、時間的に余裕のない場合が少なくなく、また、重複投資に要する手間も決して小さくありません。マッチング拠出によって確定拠出年金の投資額をふやす意味があるものと考えられます。

しかし、実際には、マッチング拠出の採用は必ずしも容易には進まないかもしれません。概念的には、企業と従業員が同時に拠出するというのがわかりやすいのですが、そのためには、従業員に対する給与支給の際に、当該金額を控除するという方法が採用されることになるでしょう。従業員からみれば、所得税・住民税・雇用保険料・健康保険料・厚生年金保険料などの既存の多くの控除項目に加えて、さらに確定拠出年金保険料が控除されるのを是とするでしょうか。給与が右肩上がりにふえる年功序列時代でないために、必要性はわかっていても、なかなか自助努力による資産形成にお金を振り向けることは、容易ではありません。

(3) 今後の課題

このような状況を考慮すると、マッチング拠出は、緩やかに広まっていくものと思われます。特に、加入者掛金が所得控除（小規模企業共済等掛金控除）の対象となることで、活用を期待する見方は少なくありません。すでに、一部の企業では確定給付企業年金等を全廃して、新規採用職員からは確定拠出企業年金のみとしているところもみられます。そうなると確定拠出企業年金の残高を魅力的な水準とするために、マッチング拠出を採用する例が徐々にふえていくでしょう。

もし資産運用環境が好転して、確定拠出年金のパフォーマンスが魅力的に映るようになると、マッチング拠出に及び腰であった従業員も積極的になる可能性が高いのです。企業側としては、それまでに受け皿となるシステム・制度を準備しておく必要があるでしょうし、当然、規約の改正も必要になります。事業主掛金が税制上の上限に対して少額にとどまっている企業の場合には、従業員拠出の積極的な活用を促すことを考えてもよいのではないでしょうか。

3 運営管理機関とは

(1) 運営管理機関の業務

確定拠出年金の運営に際しては、加入者である従業員と、勤務先である企業のほかに、確定拠出年金の運営を支援する運営管理機関の存在が重要となっています。運営管理機関とは、確定拠出年金において、制度の運営管理を行う専門機関のことで、厚生労働省と金融庁の両方に登録する必要があります。現在では、運営管理機関の認可を受けている機関は、金融機関や証券会社・保険会社、確定拠出年金専門会社等で（図表３－３参照）全196社があります（2012年４月末現在）。

運営管理機関の実際の業務は、「運用関連業務」と「記録関連業務」の２業務に分けられます。まず、各々の業務の概要をみてみましょう。

運用関連業務とは、確定拠出年金の加入者である従業員などが運用方法を選定するうえで必要となる各種情報を提供することです。預金から、保険や投資信託等の多種多様な金融商品の情報提供を行うことから、ほかの業務と関連して資産運用の専門性を有する金融機関が主に行っています。

次に、記録関連業務（レコードキーピング）とは、確定拠出年金の加入者の氏名・性別・年齢等のさまざまな属性や、これ

図表３－３　運営管理機関の業態別機関数割合

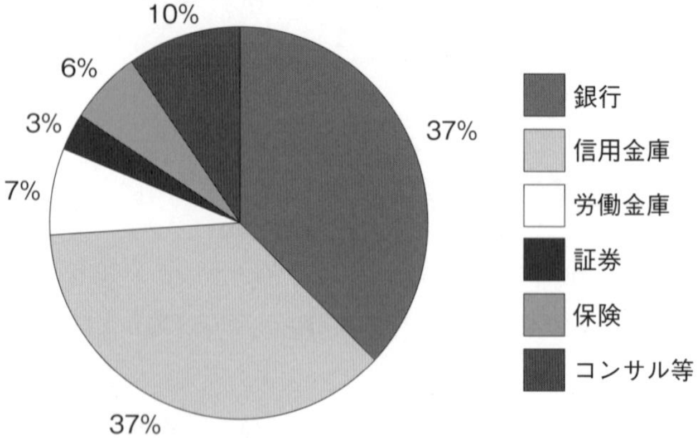

（注）　連合会は各々の業態に含む。
（出典）　厚生労働省のデータをもとに作成。

までに行ってきた掛け金の個々の金融商品への投資金額に加えて、その後の運用実績といった多様な情報を管理するものです。個人個人の口座管理であり、単に残高のみならず運用指示などの過去の履歴も保存されていますし、年金受給年齢到達時には、受給権の裁定まで行っています。運用関連業務とは異なり、膨大なシステム投資が必要であるため、金融機関が共同で設立した専門の事務処理会社にアウトソースするケースが多くなっています。

⑵　運営管理機関の義務など

　運営管理機関は、設立に際して監督官庁である厚生労働省と金融庁の双方に対して登録し、業務に関する帳簿書類を作成するだけでなく、監督官庁に対して業務に関する報告書を提出しなければなりません。そのほかにも、法令や運営管理契約などの遵守義務のほかに、加入者等に対する忠実義務（確定拠出年金法第99条第１項）も負っています。加入者の個人情報の使用に関しては、業務遂行に必要な範囲内に限るものとされていることは、いうまでもないでしょう。

また、①加入者等の損失の全部または一部を負担することを約束したり、②事業主や加入者等に特別の利益を提供することを約束したり、③運営管理機関の責任ある事故による損失を補てんする場合以外で、運用によって生じた加入者等の損失を補てんし、もしくは、加入者等の利益に追加するための財産上の利益提供や第三者による財産上の利益を提供させたり、④運営管理契約の締結について勧誘をする際や解約を防ぐために、重要な事項を故意に事実を告げなかったり、または、事実に反することを告げたり、⑤第三者の利益を図る目的で特定の運用方法を加入者等に対し提示したり、⑥加入者等に対し特定の運用方法について指図を行うことや行わないことを勧めたり、⑦加入者等の保護に欠け、もしくは確定拠出年金運営管理業の公正を害し、または確定拠出年金運営管理業の信用を失墜させるおそれのある行為をしたり、といった行為は禁止されています（確定拠出年金法第100条）。

4　ポータビリティ

(1)　ポータビリティの概要

確定拠出年金の１つのメリットとして、制度加入者が自分の年金の持分をほかの制度などに移換することが可能であることをあげることができます。わかりやすく説明すると、従来の確定給付企業年金等では、従業員が定年前に退職した場合には、当該企業の設定した資格要件を満たしている場合のみ、退職年金の原資に相当する部分を一時金として受け取ることができ、それ以外の場合には、当該部分を受け取ることはできませんでした。これが人材の流動化を阻害しているといった批判の要因の１つともなっていたのです。確定拠出企業年金の場合には、企業による掛け金の拠出時点で各従業員の持分が明示されており、運営管理機関の口座で明確に分別管理されています。したがって、勤務先企業が倒産した場合に確定拠出年金の残高が削減されることもありませんし、当該企業を退職した場合にも、自分の持分をほかに移転することが可能になっています。このことを、確定拠出企業年金のポータビリティと呼んでいます。

(2)　ポータビリティの具体例

これからやや技術的な話になりますが、確定拠出企業年金が開始して10年が経過し、世間全般で終身雇用制が崩れつつあり、転職が一般的になってきていることから考えると、ますます確定拠出年金のポータビリティのお世話になる人がふえる可能性が高くなっています。以下では、想定される主な場合に分けて、今後加入できる制度と将来の追加拠出の可否などの特徴をみていきましょう（図表３－４参照）。

図表３－４　確定拠出年金の対象者と拠出限度額

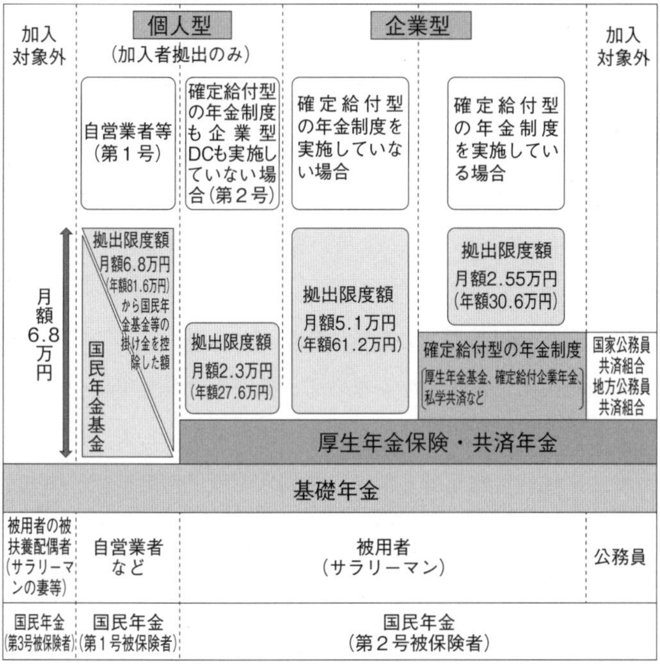

（出典）　厚生労働省ホームページ「確定拠出年金の対象者・拠出限度額と既存の年金制度への加入の関係」

① 無職もしくは共済年金加入者になった場合

専業主婦等の無職になった場合、また、公務員等の共済年金加入者となった場合には、個人型確定拠出年金に加入したかたちになりますが、新たな拠出を行うことはできません。そのため、運営管理機関に残っている資産の運用を継続し、60歳到達以降に年金を受け取ることができます。もし離職時に少額の残高しかない場合には、脱退一時金を受け取ることができる要件に合致しているかどうかを確認したほうがよいでしょう。

② 自営業者などになった場合

自営業者などになる場合には、個人型確定拠出年金の対象として、継続して自分で掛け金を拠出することが可能です。月額の拠出限度は、国民年金基金等の掛け金を含んで6万8,000円とされており、老後の資産形成手段としては手厚い対応がされています。

③ 企業年金制度のない企業に転職した場合

確定拠出企業年金のみならず、確定給付企業年金や厚生年金基金といったその他の企業年金制度がない企業に転職した場合には、自営業者と同様に、個人型確定拠出年金に加入して、継続して自分で掛け金を拠出することが可能です。

④ 確定拠出年金以外の企業年金制度がある企業に転職した場合

確定拠出企業年金はないものの、確定給付企業年金や厚生年金基金といったその他の企業年金制度がある企業に転職した場合には、個人型確定拠出年金に加入したかたちになりますが、専業主婦等と同様に新たな拠出を行うことはできません。そのため、運営管理機関に残っている資産の運用を継続し、60歳到達以降に年金を受け取ることができます。

⑤　確定拠出企業年金のある企業に転職した場合

企業型確定拠出年金を有する企業に転職した場合には、自分の口座にある資産をそのまま持ち込むことができるだけでなく、新しい勤務先企業の規則に基づいて勤務先企業からの掛け金の拠出を受けることになります。したがって、確定拠出企業年金のある企業に転職した場合が、最もポータビリティがあると考えられるかたちになります。

ただし、いずれの場合においても、加入する制度・企業によって投資対象商品のラインナップが異なるために、対象外の商品には追加の掛け金投入ができなくなる可能性はあります。

COLUMN　COLUMN

コラム④

老後生活に必要な資金

老後生活に必要な資金は、新聞や雑誌でもしばしば取り上げられる話題です。そこに載っている平均値やいくつかのパターンもある程度の参考になりますが、現在の収入や支出の状況、老後の収入などによって変わるため、実際にご自身がどうなるかはなかなか想像がむずかしいかもしれません。

メドをつける１つの方法は、働いている世代と老後世代と

消費支出の内訳　(単位：万円)

	高齢夫婦無職世帯	4人家族の勤労者世帯		
		世帯主の年齢		
		30代世帯	40代世帯	50代世帯
可処分所得	19.3	39.7	47.4	50.6
消費支出計	23.5	26.8	33.0	38.7
食料	5.8	6.0	7.5	8.4
住居	1.5	2.1	1.6	1.3
光熱・水道	1.9	1.9	2.2	2.5
家具・家事用品	0.9	0.9	1.1	1.1
被服および履物	0.7	1.3	1.6	1.7
保健医療	1.5	1.1	1.2	1.7
交通・通信	2.5	3.9	4.1	4.2
教育	0.0	1.8	3.7	6.7
教養娯楽	2.9	3.3	4.6	4.0
その他の消費支出	5.8	4.5	5.4	7.1

（出典）　総務省「家計調査」(2010年平均)

で支出の内容にどのような変化があるかを知ることです。どういった種類の支出がふえ、そして減るのかなどの大まかなパターンを把握して、そのパターンをご自身のいまの生活に当てはめてみるとよいでしょう。

前出の表は、働いている世代の４人世帯と、老後世代の夫婦２人世帯の支出を比べたものです。これをみると、支出全体の差は３～15万円ほどありますが、あまり差がない項目も少なくありません。住居費があまり変わらないのは当然かもしれませんが、光熱費なども人数の違いほどには大きな差がありません。大きく異なるのは、教育費や食費、交通・通信費といった項目です。ただ、老後に勉強し直したい方や、旅行に出かけたい方などの場合には、これらの項目もそれほど減らないかもしれません。ご自身のライフスタイルはいかがでしょうか？

第4章

年金資産の運用とリスク管理の基礎

1 ベンチマークとは

(1) ベンチマークとは何か

年金に限らず資産運用を行う場合、ベンチマークは主に２つの場面で用いられます。１つ目は運用方針やアセットアロケーションなどを検討して運用計画を立案する場面、もう１つは実際に運用した成果を計画などと比較して、その評価や分析をする場面です。この項ではそれぞれの場面を解説し、ベンチマークの意味合いや使い方を紹介して、ベンチマークとは何かを説明します。

資産運用を行う場合、最初に運用の目的や目標を明確にして、運用目標を設定します。そして、さまざまな運用対象資産のなかから、運用目標を達成するために必要な運用資産の選定、選定した複数の運用資産をどのように組み合わせるかなどを検討します。ベンチマークは、このような運用資産を選定する段階で、各資産の特徴を表し、代表となる指標を意味しています。

またベンチマークには、運用成果を評価・分析する際の基準という、もう１つの役割があります。資産運用は、いつもうまくいくとは限らず、想定以上の成果となる場合もあれば、想定を下回ることもあります。自家運用や運用機関への委託による実際の運用成果と、当初の計画や想定との差異の原因を評価・分析し、この内容を今後の運用をよりよくするために活かします。このような分析の基準として、ベンチマークを利用します。

これらの2つが、年金運用におけるベンチマークの意味合いと使い方です。

(2) ベンチマークに求められる要件

上述のような使い方をするために、ベンチマークが満たすべき要件があります。この要件とは、規範性、透明性、再現性の3つです。規範性とは、ベンチマークが投資対象とする資産の市場全体を代表していることを意味しています。たとえば、国内株式市場のベンチマークとなる指標は、国内株式市場全体に投資をする場合と同様のリスクやリターンの特性をもつ必要があります。透明性とは、ベンチマークへの組入銘柄の選定方法や、各銘柄の時価構成比（ウェイト）などのベンチマークの構築ルールが明確であることを意味しています。もしこれが不明確で恣意的に変更される可能性があるなら、この指標を用いての運用計画の立案は困難です。再現性とは、ベンチマークへの組入銘柄は、流動性があって一般投資家による市場での売買が可能な銘柄であることを意味しています。たとえば、非公募株式などの流動性の低い銘柄をベンチマークに組み入れてしまうと、投資家がベンチマークを再現することが不可能になってしまいます。

したがって、ベンチマークを選定する場合は、ファースト・ステップとしてこれらの３要件を満たしているかどうかを確認します。

(3) ベンチマークの具体例

具体的に、どのような指標がベンチマークとして使われているのかを紹介します。

たとえば、国内株式を代表する指標には、東証株価指数（TOPIX）や日経平均株価（日経平均）などがあります。TOPIXや日経平均は、新聞やニュースでよくみかける国内株式市場の特徴を表す代表的な指標ですが、算出のもととなる対象企業の範囲や指数の算出方法などの構築ルールが異なるため、非常に近い動きをするものの、まったく同じではありません。TOPIXは東京証券取引所第一部のすべての上場銘柄の時価総額を指数化したもの、日経平均は東証一部上場銘柄のうち225銘柄を選び、それらの株価の平均から算出する指数であり、構成銘柄や指数化の方法が異なります。またTOPIXには、時価総額と流動性の特に高い30銘柄によるTOPIX Core30、投資スタイルによって分類したTOPIXバリュー、TOPIXグロースなどのさまざまな用途に応じた指数があります。このような指数は、ほかにも多様な属性や分類に対応したものが証券会社などによって多数提供されています。

国内株式以外の国内債券や外国株式、外国債券、エマージング株式、エマージング債券、ヘッジファンドなどについても、

図表４－１　主な資産クラスのベンチマークの例

資産区分	指　　標
日本株式	TOPIX（配当込み）
日本債券	NOMURA-BPI（総合）
外国株式	MSCI Kokusai（配当込み、グロス、円ベース）
外国債券	シティグループ世界国債インデックス（除く日本円、円ベース）
短期資産	有担保コール翌日物

（出典）　年金積立金管理運用独立行政法人、企業年金連合会等の資料より作成。

資産区分ごとにベンチマークとして使われる指標が、それぞれ多数あります（図表４－１参照）。

また、ベンチマークは国内株式や国内債券などの資産区分ごとに選定するだけでなく、ポートフォリオ全体に設定することもあります。たとえば、国内株式、国内債券、外国株式、外国債券、短期資産をあらかじめ定めた資産配分で保有することを想定した場合、これら５つの区分のベンチマークを選定すると、これと同時にポートフォリオ全体のベンチマークが自ずと定まります。これを複合ベンチマークと呼び、ポートフォリオ全体の計画策定や運用成果の分析に利用します。

(4)　ベンチマークの選定

資産区分ごとにある多数の指標のなかから、ベンチマークとして用いる指標はどのように選べばよいのでしょうか。ベンチマークの選定は運用者（投資家）が行います。投資家は、自らの運用スタイルや資産規模などの各種の要因と、ベンチマークの候補となる各指標の特徴や分析しやすさなどを考慮し、いずれの指標をベンチマークに採用するかを検討します。たとえば、東証二部上場の中堅企業や東証マザーズ上場の成長企業までを投資対象とする場合は、東証一部のみを構成銘柄とするTOPIXではなく、これらの企業を構成銘柄に含む指標をベンチマークとする検討が必要です。必要に応じて、運用目的に適った調整をしたカスタマイズド・インデックスを採用する場合もあります。選択する指標によって、運用計画を策定する段階での検討結果や、実際の運用成果を評価・分析する段階などでさまざまな影響が生じるため、ベンチマークの選定は、資産運用を行ううえで非常に重要です。

年金運用の場合、運用資金には予定利率や年金給付など、あらかじめ勘案すべき負債特性があります。このような負債特性に注目して、負債を資産運用する場合のベンチマークとみなすLDI（Liability Driven Investment）という考え方もあります。

2 アセットアロケーションとは

(1) アセットアロケーションの概要

資産を運用して、これに伴う価格変動や金利変動、信用状況、流動性などのさまざまなリスクを適切に管理しつつ効率的に運用収益（リターン）を獲得しようとする場合、短期資産や国内債券などのリスクとリターンが比較的低い資産だけでなく、国内株式や外国債券、外国株式などのリスクとリターンが比較的高い資産を組み合わせて保有します。このように、ポートフォリオにおいて、リスクやリターンの特性が異なる複数の資産（アセット）を組み合わせて資産配分（アロケーション）することをアセットアロケーションといいます。

(2) アセットアロケーションを行う目的

アセットアロケーションを行う目的を考える前に、資産の特性について説明します。例として、国内債券と国内株式のリターンの動きを考えます。両資産とも国内の景気動向や為替市場、海外景気、個別の企業業績などからさまざまな影響を受けてリターンは変動します。短期的にはリターンはプラスになったりマイナスになったりと、ランダムな変動を繰り返しますが、長期的にみると国内株式は国内債券を上回るリターンが期待できます。また、リターンの変動幅（標準偏差）をリスクとすると、リスクについても国内株式が国内債券より大きくなります。次に、両資産のリターンの動きの相互関係をみると、国内株式がプラスでも国内債券は必ずプラスになるわけではなく、相互にあまり関係のない動きをします。相関係数は、このような複数の資産の相互の関係性を表す指標で、株式がプラスであれば債券も必ずプラスというように動きが完全に同調していれば1になります。逆に、株式がプラスであれば債券が必ずマイナスと完全に逆の動きであれば－1に、相互の動きがまったく無関係であれば0となり、－1～1までの値をとります。このように、各資産にはリスクが高ければ期待されるリターンも高い、複数の資産は相互にあまり関係のない動きをする、との特徴があります。

このような特徴をふまえて、アセットアロケーションを行う目的を考えます。アセットアロケーションを行うメリットは、リスク・リターン特性が異なる複数の資産を組み合わせることにより、各資産のリターンの動きの相互関係が小さい（相関係数が1より小さい）ために、価格下落などの影響を相殺・補完して、ポートフォリオ全体のリスクを分散する（リスクが少なくなる）効果を得る点にあります。このため、アセットアロケーションを行って複数資産を内包するポートフォリオのほうが、単資産のみを保有するよりも、同じリターン水準をより低いリスクで実現することが可能です。つまり投資家は、リスク分散効果によって、少しでもリスク1単位当りのリターンを多く獲得することを目的としてアセットアロケーションを行います。

(3) アセットアロケーションの決定プロセス

年金基金のような多額の資金を運用する場合、運用内容の決定プロセスとして、国内債券、国内株式、外国債券、外国株式、短期資産などの大括りの資産クラスへの資金配分を検討し(これがアセットアロケーション)、その後に各資産クラス内の個別の銘柄選定を行うことが一般的です。

アセットアロケーションは、資産運用の運用方針や目的、具体的な目標数値などの目標にかかわる条件と、必要な流動性や運用可能な期間などの制約条件、組入候補の資産クラスのリスク、リターン、相関関係、流動性などの特性を考慮して決定します。特に、運用する資金の目標や制約条件は、検討の結果として得られるアセットアロケーションに大きな影響を及ぼします。たとえば、目標利回りや現金化する時期、運用期間などに制約のない資金であれば、無限の組合せのなかからリスク１単位当りのリターンの最も高い唯一のアセットアロケーションを選択するでしょう。一方で、年金基金の予定利率のように、満たすべき目標が設定されている場合を仮定すると、予定利率水準のリターンを得るために必要なリスクが最も低いアセットアロケーションを選択すると考えられます。このアセットアロケーションは、予定利率を満たすとの制約を設けたことにより、何も制約がない場合のアセットアロケーションとは異なる結果になります（偶然に一致することはあります）。ほかにも、積立金を取り崩すことによって、今後の年金支給のための資金を確保する必要があると見込まれる場合は、この年金支給に応じた資金を生み出す資産を中心としたアセットアロケーションとすることも考えられます。これらの例からわかるように、組入候補とする資産クラスが同じであっても、運用する資金の目標や制約によって、検討結果として得られるアセットアロケーションは異なります。したがって、アセットアロケーションを決めるためには、あらかじめ運用する資金の目標や制約を明確にしておかなければなりません。

アセットアロケーションは、ポートフォリオの収益率に対する寄与度が90％以上ともいわれており、非常に重要な検討事項

図表４－２　政策アセットミックスの例
（年金積立金管理運用独立行政法人の場合）

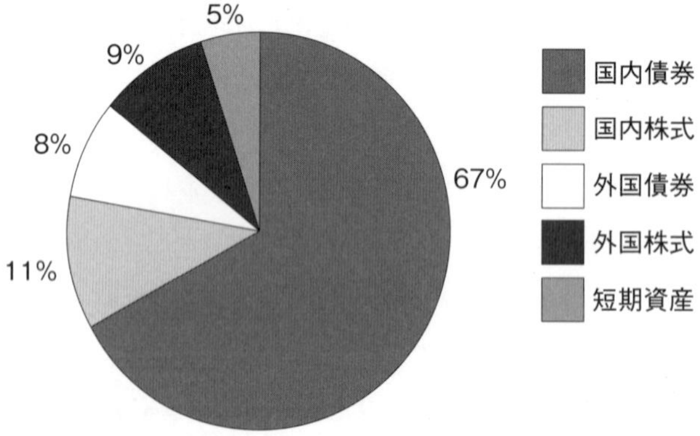

（出典）　年金積立金管理運用独立行政法人の資料より作成。

です。組入対象の資産クラスの範囲、期待リスクや期待リターンの推計方法をどうするかなどは、運用方針や検討・試算をするための保有データやシステムインフラなど、実務的な制約をふまえて運用者が決定します。

確定給付型年金の場合、各年金の運用の基本方針に基づいて策定した長期にわたって維持すべきアセットアロケーションを、特に「政策アセットミックス」と呼びます（図表４－２参照）。

(4) オルタナティブ投資を行う場合の留意点

アセットアロケーションを検討する場合、多くは国内債券、国内株式、外国債券、外国株式、短期資産の５つの資産クラスを基本としています。最近はこれに加えて、ヘッジファンドやプライベートエクイティ、新興国の債券や株式などのエマージング資産、不動産および不動産関連商品などのオルタナティブ資産を資産クラスとして追加している場合があります。これらのオルタナティブ資産を加えたアセットアロケーションを検討する場合は、最初にその資産の特徴（将来的に見込まれる期待リターン、期待リスク、相関係数など）を確認する必要があります。流動性の確保が必要な資金の場合は、換金の容易さなどについても確認が必要です。期待リターンや期待リスクなどは、将来の見込みであるため、現時点で正確に予測することは不可能であり、過去データを用いるなどのさまざまな方法によって推計しますが、オルタナティブ資産の場合は十分なデータを入手できない可能性などがあるので注意が必要です。

3 アクティブ運用とパッシブ運用

(1) アクティブ運用とパッシブ運用の概要

資産運用の手法には、大きく分けてアクティブ運用とパッシブ運用の２種類があります（図表４－３参照）。これらの運用手法は、市場平均を上回る運用収益の獲得を目指すか、市場平均程度の運用収益の獲得を目指すかの違いがあります。年金運用の場合は、資産運用を外部の運用機関に委託するケースが多いですが、委託資産ごとにアクティブ運用とパッシブ運用のいずれの方針で委託するかを明確にします。

図表４－３　アクティブ運用とパッシブ運用の特徴

	アクティブ運用	パッシブ運用
運用目的	市場インデックスより高い運用収益の獲得	市場インデックスと同水準の運用収益の獲得
組入銘柄数	少ない	多い
取引コスト	高い（売買回転率が高い）	低い（売買回転率が低い）
運用報酬	高い	低い
市場インデックスからの乖離	大きい	小さい

(2) アクティブ運用の概要

アクティブ運用とは、国内債券や国内株式などの各市場全体（市場インデックス）に投資をすることと比べて、さまざまな情報の収集や調査・分析を行い、この結果に基づいて運用資産の銘柄構成（リスク量やリスク特性）を市場インデックスから乖離させることによって、市場インデックスより高い運用収益を得ることを目指す運用手法です。たとえば、株式運用では、割安度に着目するバリュー戦略、今後の成長性に着目するグロース戦略、時価総額や流動性に着目する大型株・小型株戦略などの戦略により、市場インデックスから乖離したリスクをとって超過収益の獲得を目指します。このほかにも、マクロ経済や市場見通しに基づくトップダウン・アプローチや、個別銘柄の業績見通しや価格分析によるボトムアップ・アプローチなどがあります。アクティブ運用は、多数のエコノミストやアナリストを擁して情報収集や調査・分析を行うため、運用機関に支払う運用報酬は比較的高くなります。

(3) パッシブ運用の概要

パッシブ運用とは、運用資産の銘柄構成やリスク量、リスク特性を市場インデックスに近似するように調整し、市場インデックスと同水準の運用成果の獲得を目指す運用手法です。ポートフォリオの具体的な構築方法には、完全法、層化抽出法、最適化法などがあります。完全法とは、目標とする市場インデックスの構成銘柄について、全銘柄を市場インデックスと同じ構成比で保有する方法です。層化抽出法とは、株式であれば業種や規模、債券であれば残存期間や債券種別などの属性ごとにグルーピングをして、各グループから抽出した任意の銘柄によってポートフォリオを構築する方法です。最適化法とは、目標とする市場インデックスの特性をマルチファクターモデルと呼ばれる数理モデルなどで分析して、市場インデックスとポートフォリオの数理モデルの分析による特性が一致するようにポートフォリオの構成銘柄、構成比を決める方法です。パッシブ運用は、ポートフォリオの構築をコンピュータによる定量的分析で行うため、アクティブ運用と比較すると運用機関に支払う運用報酬は比較的低くなります。

(4) アクティブ運用かパッシブ運用か

２つの運用手法の概要を紹介しましたが、ではアクティブ運用とパッシブ運用のいずれを採用すべきかとの疑問をもつと思います。この問題を考えるには、市場の効率性について検討する必要があります。市場の効率性とは、資産価格に対するさまざまな情報の織り込み程度を意味しており、大きくは、効率性の低い「ウィーク・フォーム」、効率性の高い「ストロング・フォーム」、両者の中間の「セミストロング・フォーム」の3つに分かれます。ウィーク・フォームとは、現在の金融資産の価格（たとえば株価）には、過去の株価に関する情報のみしか含まれていないという考え方です。セミストロング・フォームとは、過去の株価の情報だけでなく、公開情報のすべてが発表と同時に株価に織り込まれているという考え方です。ストロング・フォームは、株価には公開情報だけでなく非公開の情報まで株価に織り込まれているという考え方です。

では、実際の市場の効率性はどの程度でしょうか。実際の市場の効率性に関しては、過去からさまざまな分析や研究が行われてきましたが、明確な結論はありません。仮に、実際の市場がストロング・フォームだとするならば、アナリストなどによる分析の結果はすでに価格に織り込まれていることになるため、アクティブ運用を行っても超過収益を得られる機会はないことになります。これとは逆に、市場はストロング・フォームではないと仮定するならば、これは、アクティブ運用によって超過収益を獲得できる可能性があることを意味しています。

実際に運用を行う場合は、アクティブ運用とパッシブ運用の運用比率を決める必要があります。この場合は、市場の効率性の検討、アクティブ運用による超過収益機会の検討、リスク許容度による検討、の3段階のステップで考えます。最初の市場の効率性の検討ですが、運用の意思決定者として市場の効率性をどのように考えるかを整理します。もし市場はストロング・フォームだと考えるのであれば、自ずとアクティブ運用を採用する余地はなくなります。次に、市場はストロング・フォームではないと考えるのならば、アクティブ運用による超過収益獲得の可能性があるため、超過収益の獲得が期待できる運用手法や運用委託先を探すことになります。このような運用委託先が見つかれば、最後に、リスク許容度をふまえてのアクティブ運用とパッシブ運用の運用比率の検討になります。各年金基金などの財務体力によって、運用による損失が発生する場合に耐えられる水準などに差があり、これをリスク許容度と呼びます。リスク許容度をふまえて、アクティブ運用のリスクをどれだけとることができるかを検討し、アクティブ運用とパッシブ運用の運用比率を決定します。

4 リスク管理はなぜ必要か

(1) 資産運用とリスク管理

資産運用によって運用収益（リターン）を得るためには、これに相応するリスクを負う必要があります。つまり、リスクのない短期金利を上回る利回りを運用目標とする場合、これを充足するリターンを得るために必要なリスクを能動的にとらなければなりません。リスクをとる必要があるのなら、どのようなリスクを、どの程度とるかを管理しなければなりません。仮にリスクが管理されていないと、とるつもりのない種類のリスクをとっていたり、必要以上のリスクをとって収益のブレを大きくしたり、逆にとっているリスクが少ないために目標を達成できないなどの好ましくない結果になりかねません。

この項では、資産運用を行ううえでリスク管理が必要な理由について説明します。

(2) リスク管理の目的

年金基金が資産運用を行う目的は、加入者から集めた積立金を運用して、運用収益を安定的に確保し、将来の給付の確実性を高めることにあります。積立金の運用先となる株式市場や債券市場は、さまざまな要因による経済環境の変化を反映して時々刻々と動いています。このような市場の変化の影響をふまえ、給付の確実性を高めるような資産運用を行うためには、どのようなリスクがあるかを特定し、そのリスクがどの程度であるかを計測し、自らの財務体力に応じた範囲内であるかどうかを確認（モニタリング）する必要があります。また、よりよい運用成果を得るために、モニタリングの結果などを次の計画策定に活用することも必要です。このようなリスクの定義から始まり、計測、モニタリング、活用するプロセスは、PDCA（Plan-Do-Check-Action）サイクルと呼ばれており、実効性の高いリスク管理を行ううえで重要なものです（図表4－4参照）。

このように、資産運用を行う場合は、適切なリスク管理体制を構築して、リスクの状況や管理体制の確認を定期的に行わな

図表4－4　PDCAサイクルのイメージ

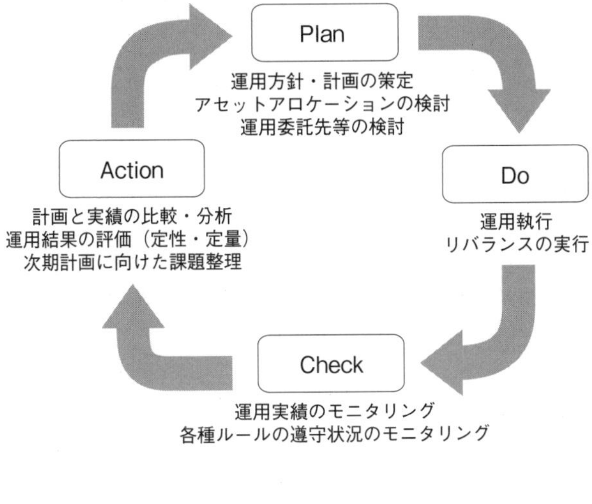

ければ、給付の確実性の向上という目的の達成はままなりません。

(3) リスクの種類と定義

年金の資産運用にかかわるリスクには、どのようなものがあるのでしょうか。資産の価格（価値）変動にかかわるリスクは、価格変動リスク、金利リスク、信用リスク、為替リスクに大別できます。それぞれのリスクを簡単に説明すると、価格変動リスクとは、市場で取引価格（時価）が変動することにより、投資した株式などの金融商品の価格が変動するリスクです。金利リスクとは、金利変化によって債券価格が変動したり、利息を再投資する場合の利回り（再投資利回り）が変化するリスクです。信用リスクとは、債券等の発行体や預金先等の信用状況の変化により、資産価格が変動したり、デフォルト（債務不履行）等が発生するリスクです。為替リスクとは、為替レートが変化することにより、外貨建て資産の円ベース（自国通貨建て）の価値が変動するリスクです。これに加えて、年金基金の場合は負債（年金負債）の特性や資産との関係を勘案したALM（Asset Liability Management、資産負債管理）リスク（サープラスリスク）もあって、資産運用を検討する際に考慮が必要です。また、将来の年金給付に備えるための、各資産の換金性などに関する流動性リスクもあります。

⑷　リスクの代表的な計測手法

年金の資産運用にかかわるリスクにはさまざまな種類があることを説明しましたが、これらを実効的に管理するためには、管理可能な情報（共通尺度）に換算する必要があります。資産運用に関するリスクの代表的な換算方法（リスク計測手法）は、各資産のリターンの標準偏差をリスクとする方法です。これは、プラスやマイナスにランダムな動きを繰り返す各資産のリターンの変動の大きさをリスクとして認識するイメージです。統計学の用語で説明すると、各資産のリターンの分布は正規分布に従うと仮定し、これの標準偏差をリスクとします。たとえば、国内株式と国内債券を比べると、リターンの変動幅が大きい国内株式のほうが、国内債券よりリスクが大きくなります。また、国内株式と国内債券などの複数の資産の値動きがどれくらい似ているかを相関係数という数値で表します。相関係数は、株式のリターンがプラスであれば債券も必ずプラスというように動きが完全に同調していれば１になります。逆に株式がプラスであれば債券が必ずマイナスと完全に逆の動きであれば－１に、相互にまったくの無関係であれば0となり、－１～１までの値をとります。価格変動、金利、為替の各リスクは、市場での取引価格の時系列データを使ってリスクを推計することが多く、これから推計するリスクと相関係数を共通尺度として、各資産やポートフォリオ全体のリスク管理を行います。ただし信用リスクは、リターンの分布が正規分布から乖離しているため、標準偏差によるリスク管理には適していません。

標準偏差をリスクとする計測手法は、数値解析やシミュレーションが容易である点でメリットがありますが、実際の市場変動より、少しリスクの想定が甘いのではないかとの意見があります。古くは1987年のブラックマンデーや1990年の資産バブル崩壊、最近でも2007年のサブプライムショック、2008年のリーマンショックなど、資産価格が大幅に下落する局面はたびたび発生しています。これは、大幅な相場下落が正規分布による想定よりも高い頻度で発生している可能性を意味しており(ファットテイルと呼びます)、標準偏差によるリスク管理に限界がある可能性を示唆しています。そこで、正規分布を仮定せず、実データにより推計したVaR（Value at Risk）をリスク指標として用いる動きが広がっています。VaRは、相場の下落時に想定すべき損失額をリスク量とする共通尺度です。たとえば、信頼区間が99％のVaRは、将来時点の発生確率が１％の相場下落で生じる損失見込額をリスク量として表します。また、VaRは正規分布以外の分布のリスクの推計が可能であるため、信用リスクを含めて価格変動、金利、為替の各リスクの推計が可能です。VaRは優れたリスク管理指標ですが、標準偏差と比較するとリスク量の推定やシミュレーションに手間がかかる点に留意が必要です。

先にあげたような相場が急落する局面では、平常時の相関関係とは異なり、異なる資産クラスの時価が同時に下落する傾向がみられます。VaRによってポートフォリオ全体のリスク量を推計する場合、平常時の相場環境を前提として、資産間の相関関係が通常どおりのリスク分散効果によるリスク量を推計しています。一方で相場急落時には、複数資産間の相関関係が高まるため、平常時よりリスク分散効果が小さくなりポートフォリオ全体のリスク量が大きくなる可能性があります。このように、標準偏差やVaRなどの統計を利用した手法は、相場急落時のリスクの評価に限界があります。そこで、ストレステストという手法が用いられます。ストレステストは、たとえばリーマンショックなどの実際のイベントのデータをシナリオとして使って同じ事象が起きた場合の影響を調べたり、仮想的なシナリオを作成してその影響を調べる手法です。また、リバースストレステストという、「含み損が○○億円になる」などの事象を定めて、これが発生する相場環境を逆算する手法などが用いられています。ストレステストは、わかりやすい数値として結果が得られる半面、蓋然性の高いシナリオの選定や結果の活用方法などに課題があり、工夫が必要です。

リスク管理の各手法には、それぞれに一長一短があり、どれか1つをみていれば万全というものではありません。それぞれの手法の特徴を十分に理解し、互いの短所を補完しあうよう複合的に利用することにより、年金資産の健全性を維持することが可能となるでしょう。

第5章

企業年金（確定給付型年金）の資産運用

1　主な資産クラス

(1)　資産クラスとは何か

年金資産の運用を考える場合、国内債券や国内株式などの資産クラスを基準として、ベンチマークやアセットアロケーションなどを考えることが一般的です。具体的な購入銘柄や運用委託先の選定は、これらの検討の後となります。ここでは、さまざまな検討のベースとなる資産クラスについて説明します。

(2)　各資産クラスの解説

主な資産クラスには、国内債券、国内株式、外国債券、外国株式、短期資産の５クラスがあげられます。以下では、それぞれの特性を簡単に説明します。

国内債券とは、日本政府、東京都や大阪市などの地方公共団体、事業会社等が発行する不特定多数の人から資金調達するための有価証券です。あらかじめ利率や満期日等が決まっており、投資家は定期的に利子を、満期日には償還金を受領できます。

国内株式とは、日本の株式会社が発行する不特定多数の人から資金調達するための有価証券です。株式は出資であるため、発行企業は株主（投資家）に対して資金を返済する義務はありません。これに対して株主は、経営への参加（株主総会への出席）や配当の受領（会社利益の還元）などの権利を有しています。

外国債券とは、米国やドイツなどの外国政府、世界銀行やアジア開発銀行などの国際機関、外国企業などが発行する債券で、基本的な仕組みは国内債券と大きな違いはありません。外国株式とは、外国企業が発行した株式で、基本的な仕組みは国内株式と大きな違いはありません。ただし、外国債券、外国株式ともに発行者が所在する国の通貨で発行されることが多いため、為替リスクがあります。これを為替予約などによりヘッジする場合があり、必要に応じて、ヘッジしているものをヘッジ付外債・ヘッジ付株式、ヘッジしていないものをオープン外債・オープン外株と呼んで区別しています。

短期資産は現金や預貯金、コール、短期国債（TB）などの給付等に備えた待機資金です。

たとえば、国民年金、厚生年金の給付財源となる年金積立金の管理・運用をしている年金積立金管理運用独立行政法人（GPIF）の基本ポートフォリオ（政策アセットミックス）は、国内債券が67％、国内株式が11％、外国債券が８％、外国株式が９％、短期資産が５％となっており、これらの５クラスから構成されています。

⑶　資産クラスとリスクカテゴリー

主な５つの資産クラスは上記のとおりですが、これとリスクのカテゴリーが必ずしも一致するわけではありません。たとえば、国内企業が円建てで発行した社債（事業会社が発行する債券）を考えると、これには金利リスク（金利が変化することにより債券価格が変動するリスク）や信用リスク（発行者（事業会社）の債務返済能力に関するリスク）などが含まれます。外国企業が外貨建てで発行した社債であれば、金利リスクと信用リスクに加えて、為替リスク（為替変動により円建ての時価が変動するリスク）も考慮する必要があります。

このように、資産クラスとしては１つであっても、これがかかわるリスクカテゴリーは複数に及ぶ場合があります。したがって、資産運用を考える場合、各資産クラスの特性はリスクを含めて把握しておく必要があります（図表５－１参照）。

図表５－１　主な資産クラスの概要とリスク

	概　　要	主なリスク
国内債券	日本政府、地方公共団体、事業会社等が発行 発行時に利率、満期日等が決定	金利リスク 信用リスク
国内株式	日本の株式会社が発行 株主は配当（会社利益の還元）を受領	価格変動リスク 信用（倒産）リスク
外国債券	外国政府、国際機関、外国企業等が発行 発行時に利率、満期日等が決定	金利リスク 信用リスク 為替リスク
外国株式	外国の株式会社が発行 株主は配当（利益の還元）を受領	価格変動リスク 信用（倒産）リスク 為替リスク
短期資産	現金、預貯金、コール、短期国債等	信用リスク

(4) ポートフォリオ運営に関する新しい考え方

また近年は、年金負債を基準とした年金運用が提案されています。この考え方では、年金の支給期間は長期にわたり、また年金負債の時価は円の金利水準変化に応じて増減する特性を考慮して、将来の年金支給に備えるためのポートフォリオと、より高い収益の獲得を目指すポートフォリオの２種類に大別し、各ポートフォリオ中で各資産クラスの役割を整理します。年金支給に対応するためのポートフォリオは、長期かつ円金利に連動する負債特性を考慮して、長期債・超長期債などの国内債券と年金支給に備える短期資産が中心のポートフォリオになります。より高い収益の獲得を目指すポートフォリオは、国内株式、外国株式、外国債券などのリスクやリターンが比較的高い資産クラスを中心としてポートフォリオを構成します。年金運用全体としては、年金支給に対応するためのポートフォリオ、より高い収益の獲得を目指すポートフォリオの構成をそれぞれ検討した後、両者を合算してポートフォリオ全体を運営します。

(5) 資産クラスの新しい考え方

株式については、国内・国外の区別をせずに、グローバル株式として１つの資産クラスとする考え方も浸透しつつあります。これは、金融投資理論に基づいて、株式市場を内外に分断して考えるよりも、一体とするほうが効率的な運用が可能であるとの考え方によるものです。日本をはじめとする先進各国の株式市場の低迷と、新興国の株式市場の成長により、世界全体で考える場合の株式市場の様相が変わりつつあることも、この考え方が浸透する要因の１つでしょう。

上記の５つの資産クラスのほかにも、より高い収益の獲得とリスクの分散を図ることを目的として、最近はオルタナティブ資産を新たな資産クラスとして追加する動きがみられます。オルタナティブの広義の定義は、先にあげた５つの伝統的資産とは異なるリスク・リターン特性などを有する資産という意味であり、特定の資産を指しているわけではありません。オルタナティブには、ヘッジファンド、プライベートエクイティ、エマージング株式・債券、不動産および不動産関連商品などのさまざまな資産が含まれます。

2 長期債投資の意味合い

(1) 長期債投資の概要

資産運用を行う場合、最初に運用する資金（企業年金の場合は企業年金の負債）の特徴を知り、これに応じた運用方針を策定することが重要です。長期債は、企業年金の負債（年金負債）の特徴に適った運用対象と考えられおり、重要な資産クラスと位置づけられています。この項では、年金負債の特徴を理解し、これに対応する資産としての長期債投資の意味合いや重要性を考えます。

(2) 年金負債の特徴

資産運用を行う前提として知っておくべき負債の特徴には、残高、毎年の給付（キャッシュフロー）、およびこれらに影響を及ぼす要因などがあげられます。年金負債の場合、負債の残高を推計するためには、いくつかの前提を置く必要があり、これらを基礎率と呼んでいます。

基礎率には、どれくらいの資産運用を見込むかを表す予定利率、どの程度の死亡を見込むかを表す予定死亡率、中途退社などの途中での脱退の程度を見込む予定脱退率、今後の賃金の上昇を見込む予定昇給率があります。過去の実績や現在の市場環境、企業業績などをふまえてこれらを見込み、年金負債の残高を推計します。

また、年金負債のキャッシュフローを考えると、それぞれの企業年金の成熟度（加入者と受給者、年間の給付額と掛け金などのバランス）によって違いはあるものの、長期間にわたってキャッシュフローが発生することが一般的です。20歳で就職をする男性を仮定すると、60歳で年金支給を開始するならば、将来の年金を積み立てている積立期間だけでも40年間あって、実際に年金の支給が開始される（キャッシュフローが発生する）のは41年目以降となります。次に、この男性が79歳（平均寿命）で死亡すると仮定すると、死亡するまで年金を支給する終身年金であれば19年間、年金の支給期間に限りがある有期年金（仮に10年間とすると）であれば10年間にわたって年金を受けることになります。したがって、この場合のキャッシュフローは、現時点からみて41年目から発生し、59年目もしくは50年目まで続くものとなります。これは一例であって、就職の年齢、中途での退職・転職、短命・長寿などは個人ごとにみるとそれぞれ異なりますが、構成員数の多い企業年金の場合は、おおむね統計に従った長期にわたる年金負債となります。

以上から、年金負債の特徴は、基礎率を仮定することにより負債残高が推計可能であり、キャッシュフローは長期にわたること、残高やキャッシュフローは基礎率の影響を受けることがわかります。

⑶　金利変化とキャッシュフローの現在価値の関係

年金負債の特徴を把握し、次はこれに対応する資産運用について考えたいところですが、その前提として、金利変化とキャッシュフローの現在価値の関係を整理します。

たとえば１年後に100円が得られるキャッシュフローＡと、５年後に100円が得られるキャッシュフローＢを考えます。市中金利を２％と仮定すると、Ａの現在価値（１年後の100円の現時点での価値）は98.0円（＝100円÷（１＋２％）＝100円÷1.02）、Ｂの現在価値は90.6円（＝100円÷1.02^5）になります。次に、市中金利が１％に低下すると仮定すると、現在価値は、Ａは99.0円（＝100円÷1.01、1.0円上昇）、Ｂは95.1円（＝100円÷1.01^5、4.5円上昇）となります。逆に市中金利が４％に上昇する場合の現在価値は、Ａは96.2円（＝100円÷1.04、1.8円下落）、Ｂは82.2円（＝100円÷1.04^5、8.4円下落）になります。

したがって、キャッシュフローの現在価値と金利変化の関係をみると、①金利が上昇（低下）すると価値は低下（上昇）する、②金利変化の影響は残存期間の長いものほど大きい、の２つの特徴があることがわかります。

⑷　年金負債に対応した資産

年金負債の特徴、および金利変化とキャッシュフローの現在価値の関係がわかったところで、あらためて年金負債に対応する資産運用について考えます。企業年金を制度として運営するうえで重要なことは、従業員の老後を支える企業年金が破綻することがないように、十分な健全性を確保することです。前述のとおり、年金負債は予定利率、予定死亡率、予定脱退率、予定昇給率の影響を受けますが、ここでは予定利率と負債の長期性と資産運用について考えます。

金利変化とキャッシュフローの現在価値の関係のうち、1つ目の「金利が上昇（低下）すると価値は低下（上昇）する」関係について考えます。仮に、年金負債を時価評価すると、金利が低下する場合は負債の時価残高が増加（負債が大きく）、金利が上昇すると負債の時価残高が減少（負債が小さく）します。ここで、金利が低下する場合は資産の時価残高が増加（資産が大きく）、金利が上昇すると資産の時価残高が減少（資産が小さく）する資産を保有するならば、企業年金全体では負債と資産の金利変化による時価の増減の影響が相殺されます。債券はこのような特徴をもつ資産であるため、企業年金の健全性を考えるうえで重要な資産と位置づけられます。

次に、「金利変化の影響は残存期間の長いものほど大きい」との関係について考えます。たとえば、年金負債の時価と同額の債券を保有しているものの、債券の残存期間は年金負債よりも短い場合を仮定します。この場合、金利が低下すると負債の時価残高の増加額よりも債券の時価残高の増加額が少ないため、両者をネットすると負債がふえてしまいます。そこで、年金負債の残存期間と同じ残存期間の債券を保有していれば、負

図表5－2　長期債投資のイメージ

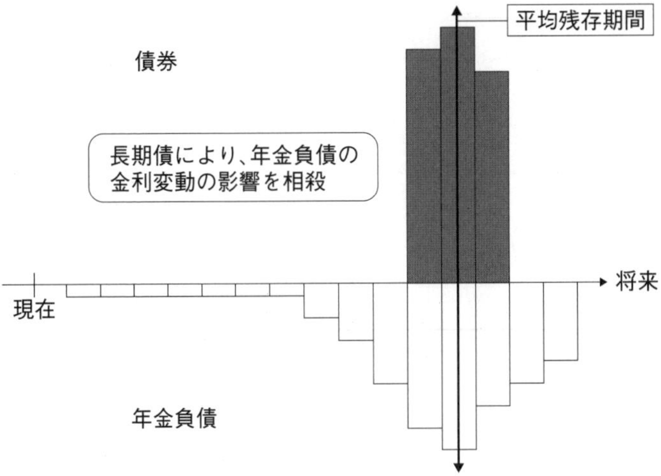

債と資産の残存期間が異なることの影響を大幅に緩和することができます。

したがって、年金負債の特性をふまえると、国内債券でも特に長期・超長期債への投資には、年金制度の運営においてリスク管理上の重要な意味があります（図表5－2参照）。

3 グローバル株式投資とホームカントリーバイアス

(1) グローバル株式投資の概要

年金の資産運用において、国内株式は主要な資産クラスとして取り扱われ、運用利回りの向上に貢献してきましたが、1990年に資産バブルが崩壊して以降は運用利回りが低下したことにより、ポートフォリオへの組入比率は低下傾向をたどっています。1999年は36%程度であった組入比率は、2009年には21%程度まで低下しました。このような状況のもとで、国内株式、外国株式というように株式を国内外で分けて考えるのではなく、国内株式を含めた全世界の株式を1つの資産クラスとする考え方が生まれました。これをグローバル株式投資といいます。この項では、グローバル株式の理論的背景と、これに相対する考え方であるホームカントリーバイアスについて説明します。

(2) グローバル株式投資の理論的背景

グローバル株式投資を行う場合、世界株式インデックスをベンチマークとすることが一般的ですが、これをベンチマークとすることの根拠は、CAPM（Capital Asset Pricing Model、資本資産評価モデル）という金融投資理論にあります。

CAPMを簡単に説明します。これは、すべての投資家はリスク・リターンや相関関係についての同じ情報をもち、経済合理的に行動し、取引コストなどはなく、市場に無リスク資産があることが前提となっています。この前提のもとでは、すべての投資家がリスクに見合ったリターンを得ることができる、という理論です。これに基づくと、たとえば国内株式に含まれる各銘柄を組み合わせたポートフォリオをつくると、あるリスク量においてリスク１単位当りのリターンが最も高くなる（効率のよい）組合せが１つ見つかります。リスク量を少しずつ変えて、最も効率のよいリスクとリターンの組合せをグラフにプロットしていくと、「効率的フロンティア」と呼ばれる曲線が描かれます。次に、無リスク資産（短期金利）と効率的フロンティアの組合せを考えると、無リスク資産から効率的フロンティアへの接点が最適な組合せ（接点ポートフォリオ）となります。この接点ポートフォリオの中身をみると、これは各銘柄を時価ウェイトで保有する資産構成になっています。つまり、国内株式市場は先にあげたCAPMの前提が成り立っているとすれば、東証一部上場企業の場合は、TOPIXの組合せが最も効率のよいことになります。

次に、ポートフォリオに組入銘柄をふやす場合の効果を考えます。それぞれの銘柄の値動きが異なる（相関が異なる）ことを前提として、２銘柄で構成するポートフォリオがあるとします。このポートフォリオの構成を、２銘柄から３銘柄、３銘柄から４銘柄と組入銘柄数をふやすほど、リスクを分散する効果が高まってリスク１単位当りリターンの効率はよくなります。

したがって、株式投資を効率的に行いたいなら、国内株式、外国株式を分けて考えるより、グローバル株式として一体としてとらえたほうが、銘柄数の増加による分散効果の高まりによって、投資理論から考えると効率がよくなるわけです。

また、このような考え方が浸透している背景として、年金資産等の運用を受託する投資顧問会社等の運用体制の充実もあげられます。投資顧問会社は、顧客の要望に応えるために、調査・分析体制を自国内から世界各国に拡大し、アナリスト・エコノミスト、市場・財務等の分析用データ、システム等のインフラの整備を図りました。

(3) ホームカントリーバイアスの考え方

一方で、グローバル株式に相対する考え方として、ホームカントリーバイアスがあります。ホームカントリーバイアスとは、株式の場合であれば、世界全体の株式市場の時価構成比に比べて、自国の株式を高いウェイトで保有することです。

グローバル株式投資の説明では、株式投資は世界株式インデックスのウェイトで保有することが最も効率的であるとしました。これが絶対の真理ならば、全市場参加者がグローバル株式投資を選択して、ホームカントリーバイアスは生じないと思われますが、現実は必ずしもそうなってはいません。たとえば、世界株式の代表的な指標の１つであるMSCI World Indexの国別構成比をみると、日本は9.1％（2012年３月末）です（図表５－３参照）。一方で、年金積立金管理運用独立行政法人の基

図表5－3　主な世界株式インデックス（MSCI World Index）構成国

米国	カナダ	日本
アイルランド	ギリシャ	ニュージーランド
英国	シンガポール	ノルウェー
イスラエル	スイス	フィンランド
イタリア	スウェーデン	フランス
オーストラリア	スペイン	ベルギー
オーストリア	デンマーク	ポルトガル
オランダ	ドイツ	香港

（注）2012年3月末時点。
正式には、MSCI Developed Markets Indexという。
（出典）MSCI Inc資料より作成。

本ポートフォリオのウェイトは、国内株式が11%、外国株式が9%となっています。つまり、株式のみの構成比では日本が55%となっており、MSCI World Indexのそれを大幅に上回ります。

グローバル株式などの市場インデックスが理論的には最も効率的となる前提として、すべての投資家が同じ情報をもち、同じ分析能力をもち、取引コストがゼロなどの条件を想定しています。現実をみると、売買を執行するために取引コストは必要であり、自国以外の銘柄は自国の銘柄と比べてより多くの情報収集コストが必要となります。また、自国以外の株式市場の会計や取引慣行などに関する情報の格差があります。自国通貨以外の銘柄は為替リスクへの対応方法も検討しなければなりません。これらの現実的な課題を考慮した結果、投資理論をふまえつつも自国株式に重みを置くホームカントリーバイアスが生じるわけです。

ホームカントリーバイアスは、株式市場に限ったものではなく、債券市場でも同様に検討されるべきものです。ただし、債券市場の場合は、株式市場と違い、年金負債の特性を考慮するか否かで、考え方が違ってきます。年金負債の特性を考慮せずに、債券を資産運用の対象としてのみ考えるならば、株式と同様に理論的には全世界の債券市場の時価構成比が最も効率的なポートフォリオとなります。一方で、取引コスト、情報コスト、情報格差、為替リスクを考慮した結果として、ホームカントリーバイアスが生じる余地も十分にあります。さらに、年金負債の特性を考慮して、ALMを勘案すると結果は違ってきます。年金負債の時価は円金利に連動して変動する特徴があるため、グローバル債券を保有したとしても、通貨が円以外の債券では負債の時価変動を相殺できません。したがって、ALMを意識する場合は、自ずと国内債券を主体としたポートフォリオになります。

4 オルタナティブ投資の概要とリスク管理

(1) オルタナティブ投資の概要

国内債券や国内株式、外国債券、外国株式、短期資産などの伝統的な資産よりも高い収益の獲得とリスク分散効果を得ることを目的として、最近はオルタナティブ投資に取り組む動きがみられます。オルタナティブの定義は、株式や債券などの伝統的資産とは異なるリスク・リターン特性などを有する資産との意味であり、特定の資産を指しているわけではありません。ヘッジファンド、プライベートエクイティ、エマージング債券、エマージング株式、不動産および不動産関連商品、商品(コモディティ)、インフラファンド、CATボンドなどのさまざまな資産や運用手法がオルタナティブには含まれます(図表5－4参照)。

この項では、オルタナティブ投資の特徴や留意点、リスク管理、アセットアロケーションをするうえでの考え方などについて解説します。

(2) オルタナティブ投資の収益機会

オルタナティブ投資には、先にあげたようにさまざまな種類がありますが、体系的に整理をしながら解説をします。整理の

図表５－４　主なオルタナティブ投資

従来と異なる 投資戦略	従来と異なる 資産特性	伝統的資産の拡張
ヘッジファンド 　レラティブバリュー 　イベントドリブン 　機動的運用 　ファンド・オブ・ヘッジファンズ マネージドフューチャーズ	プライベートエクイティ 　ベンチャー・キャピタル 　バイアウト 　ディストレスト 実物資産 　商品（コモディティ） 　不動産 　美術品、ワイン 証券化商品 　不動産証券化商品 　CATボンド インフラファンド	ハイイールド債 エマージング債券 エマージング株式

仕方はさまざまですが、ここでは、①投資戦略が従来とは異なるもの、②資産特性が従来とは異なるものに投資する戦略、③伝統的資産を拡張したものに投資する戦略、の３種類に大別します。

投資戦略が従来とは異なるものは、代表としてヘッジファンドがあげられます。ヘッジファンドは、マクロ分析に基づく予測や合併・買収などの企業イベントなどで生じるミスプライスを収益機会として、株式や債券、為替などの現物資産と、現物や先物、オプションなどのデリバティブを組み合わせて、リスクを中立にしつつ価格のゆがみを利用した収益の獲得を目指す戦略などです。

資産特性が従来とは異なるものに投資する戦略は、プライベートエクイティや不動産、商品などの実物資産、CATボンドなど証券化商品が含まれます。プライベートエクイティはさらに、新興の未公開企業に投資するベンチャー・キャピタル、既存企業を買収した後に事業再編などにより企業価値を高めてから株式を売却するバイアウトなどに分かれます。実物資産には、商業不動産や森林、貴金属や石油、穀物などの商品（コモディティ）、珍しいものでは美術品やワインなどが含まれ、リスク特性などが伝統的資産と異なる資産を投資対象として、これの価格上昇に期待します。また、道路や空港などの社会資本（インフラ）に投資し、その利用料等を収入とするインフラファンドなどもあります。

伝統的資産を拡張したものを投資対象とする戦略には、エマージング債券・株式やハイイールド債などが含まれます。投資対象の資産は、新興国の株式や債券、格付が投資非適格水準の債券などであり、資産としての基本的な仕組みは伝統的資産と大きくは変わらないものの、投資規制や情報開示、流動性などの個別のリスク要因に対する考慮が必要です。このような資産を投資対象とすることにより、伝統的資産を上回る収益を期待します。

オルタナティブ投資は、伝統的資産とは異なる値動きとなることが多く相関が低いため、ポートフォリオに組み入れると伝統的資産同士よりも大きなリスク分散効果が期待できます。したがって、高い収益率とリスク分散効果の双方を期待して、投資家はオルタナティブ投資を検討します。

(3) オルタナティブ投資のリスク管理

このように、オルタナティブ投資にはさまざまな戦略や投資対象があり、伝統的資産とは異なることが特徴であるのと同時に、伝統的資産を上回る収益の源泉となっています。一方、このような特徴は、オルタナティブ投資を行う際には伝統的資産と異なるリスク管理を必要とする要因であり、投資の際には留意すべき点が多々あります。

オルタナティブ投資には高度な運用ノウハウが必要であり、これを有する運用機関のみが実行可能な運用です。またこれは、秘密保持のために十分な情報開示が期待できず、ブラックボックスになる可能性があることを意味しています。複雑な投資戦略を用い、流動性の低い資産に投資していることがあるため、伝統的資産と比較すると流動性や換金性は低くなります。ほかにも、投資手法や購入資産によっては、市場での構築可能なポジション量に限界があり、自ずと投資可能金額が限られる場合があります。

このような特性を考えると、オルタナティブ投資では、通常のリスク管理に加えてデューデリジェンスが重要になります。デューデリジェンスとは資産査定ともいわれますが、投資案件を精査することです。運用者の投資哲学や運用実績、運用会社の内部管理体制、さまざまな関係会社などの関係や牽制機能の有無、外部監査の有無、時価の妥当性の確保などの多岐に及ぶ項目を投資開始前に確認することが重要です。

このようにオルタナティブ投資は、年金基金側にも高度なリスク管理体制を求めるものであり、収益のみを期待した安易な取組みは慎まなければなりません。

⑷ アセットアロケーション上の考え方

オルタナティブ投資のアセットアロケーション上での考え方は、株式や債券とは異なる独立した資産クラスとするものと、株式や債券への組入銘柄の一部とするものの２通りがあります。

株式や債券とは異なる独立した資産クラスと考える場合は、最初にオルタナティブ投資のベンチマークを定めて、次に一般的な国内債券、国内株式、外国債券、外国株式、短期資産の５クラスにオルタナティブ投資を追加して、政策アセットミックスを検討する方法です。この場合は、数多くのオルタナティブ投資に関するインデックスから、計画している投資対象や投資手法に適したインデックスをベンチマークとして選定する必要があります。

株式や債券への組入銘柄の一部とする考え方は、政策アセットミックスは従来の資産クラスのみを用いて検討しますが、各資産クラスに組み入れる銘柄にオルタナティブ投資を加えて超過収益やリスク分散を図るものです。

上記のいずれかのやり方が正しいというものではなく、アセットアロケーションやリスク管理方法に対する投資家としての考え方、投資規模などの実情をふまえて検討することが重要です。

5 主なオルタナティブ投資

ヘッジファンド、プライベートエクイティ、エマージング投資、不動産投資

⑴ 代表的なオルタナティブ投資

オルタナティブ投資にはさまざまな戦略や投資対象がありますが、この項では、オルタナティブ投資の代表的なものとして、ヘッジファンド、プライベートエクイティ、エマージング、不動産の４種類の投資について説明します。

⑵ ヘッジファンドの概要

ヘッジファンドという言葉は新聞などにも取り上げられることがあり、耳にしたことがある方は多いと思います。一方で、ヘッジファンドとは何かを説明することはむずかしいのではないでしょうか。ヘッジファンドの明確な定義はないものの、一般的には、大口投資家や富裕層向けに、私募で募集され、先物やオプション、スワップなどのデリバティブによるレバレッジ（単純な現物資産による運用よりもリスク量の大きい運用を行う手法）を活用し、通常の現物投資とは異なるリスク量やリスク特性を実現し、絶対収益の獲得を目標として、運用成果に対する成功報酬を求める、などの特徴をもつ投資です。

ヘッジファンドは、さまざまな戦略を駆使して絶対収益の実現を目指しますが、これを代表的な戦略（レラティブバリュー

戦略、イベントドリブン戦略、機動的運用戦略）によって整理をします。レラティブバリュー戦略は、株式マーケットニュートラルや債券アービトラージなどの手法が含まれ、株式市場や債券市場での価格のゆがみ（ミスプライス）や割高・割安を分析して、リスクを抑制しつつ価格の修正による収益の獲得を目指す手法です。イベントドリブン戦略は、合併や買収、事業再編などの企業にとっての重要イベントの発生時に、これによる影響やミスプライスなどを収益機会とする戦略です。機動的運用戦略は、グローバルマクロなどの世界経済全体の動きや各国市場間のゆがみ、実体経済と市場との不整合などを収益機会とする戦略です。

ヘッジファンド投資には、特定のファンド（シングルファンド）に投資をするだけではなく、ファンド・オブ・ヘッジファンズに投資をする方法があります。ファンド・オブ・ヘッジファンズとは、複数のヘッジファンドを組み合わせてポートフォリオとしたものに投資をする方法です。さまざまな戦略を組み合わせることによりリスク分散を図り、安定的な収益を得ることをねらっています。

⑶　プライベートエクイティの概要

プライベートエクイティは、主に未公開企業を対象とする投資の総称であり、投資手法によって大きくは３種類（ベンチャー・キャピタル、バイアウト、ディストレスト）に分類できます。

ベンチャー・キャピタルとは、高い技術力やノウハウをもつものの、比較的小規模あるいは新興の企業への投資を指します。投資による資金提供だけでなく、マネジメントやマーケティングなどの経営サポートを並行して行い、株式公開等による売却益の確保をねらった手法です。バイアウトの投資対象は、規模が比較的大きく、成熟度は高いものの、経営改善の余地があり、また市場の評価が低い企業になります。ディストレストは、破綻企業を買収し、経営再建後に株式を売却して利益を獲得する手法です。プライベートエクイティは、このような企業をM&A（Mergers and Acquisitions、企業合併・買収）やLBO（Leveraged Buyout、敵対的買収）などにより買収し、積極的な経営への関与によって企業価値を高め、さらにM&Aや株式公開により外部に売却して利益を得る手法です。

⑷　エマージング投資の概要

エマージング投資とは、新興国の株式市場や債券市場（エマージング・マーケット）へ投資することにより、高い収益率とリスク分散効果を期待する投資です。新興国の代表にはBRICs（ブラジル、ロシア、インド、中国）があげられますが、明確な定義はなく利用者などの考え方により定義はまちまちです。たとえば、エマージング株式の代表的な指標の１つであるMSCI Emerging Markets Indexは、上記の４カ国を含む中南米５カ国、ヨーロッパ・中東・アフリカ８カ国、アジア８カ国の合計21カ国（2012年３月時点）で構成されています（図表５－

図表5－5　MSCI Emerging Markets Indexの構成国

中南米	ヨーロッパ 中東 アフリカ	アジア
ブラジル	チェコ	中国
チリ	エジプト	インド
コロンビア	ハンガリー	インドネシア
メキシコ	モロッコ	韓国
ペルー	ポーランド	マレーシア
	ロシア	フィリピン
	南アフリカ	台湾
	トルコ	タイ

（注）　2012年３月末時点。
（出典）　MSCI Inc資料より作成。

５参照）。

これらの国々を投資先として考える場合、投資規制や情報開示、為替リスクや流動性リスクなどの点に留意が必要です。たとえば、緩和基調にあるものの非居住者による出資上限などの投資規制が設けられている場合があります。為替リスクをヘッジする場合は、現地通貨を先物予約や通貨スワップなどで直接ヘッジするか、米ドルなどの他通貨を用いて代替ヘッジをするかにより、ヘッジのコストや精度に違いがあります。したがって、運用委託をする場合は、このような各国の事情などに精通しているエマージング投資のノウハウを有する委託先を選定することが肝要です。このようなノウハウを取得・維持するためには、アナリストや調査費用などが付加的に発生するため、委託報酬は高くならざるをえません。また、ここであげたような留意点は、新興国は、日米欧などの成熟国の市場に比べて市場の効率性が相対的に低く、アクティブ運用によって超過収益が得られる可能性があることを意味しています。さらに、これらの国々の市場は、日米欧などの成熟国の市場とは異なる動きをする傾向があるため、リスク分散効果も期待できます。

(5) 不動産投資の概要

1990年代から不動産証券化に関連する法律などの市場の整備が進み、不動産の証券化が本格化したことにより、不動産証券化商品を含む不動産投資が注目されています。

すべての不動産投資のもととなる現物不動産の特徴を整理すると、高い個別性、低い流動性、限られた情報開示、管理コストの必要性などがあげられます。個別性とは、それぞれの不動産の立地や広さなどによるもので、ほかの物件での代替が不可能であることを意味しています。現物不動産は、有価証券のような取引所取引ではなく相対取引であるため、流動性（換金の容易性）が低く、当事者以外への情報開示は限定的であり実態の把握が困難です。加えて、定期的なメンテナンスやテナント管理などが必要であり、このための管理ノウハウ、管理コストを考慮しなければなりません。現物不動産に直接投資をする場合は、これらに加えて、リスク分散（分散投資）が困難である点にも留意が必要です。

次に、不動産証券化商品に投資をする方法について整理します。不動産証券化商品とは、複数の投資家の資金を投資信託等を通じてプールし、これをもとに不動産投資を行い、その運用収益を投資家に分配する資産運用型スキームなどにより証券化された商品です。J-REIT（不動産投資信託）はこのような商品の１つで、公募の上場商品であるため東京証券取引所などでの取引が可能で、その取引価格は毎日入手が可能です。一方で、私募で流通市場のない私募不動産ファンドも多数あり、これは定期的な時価の入手が困難であり、運用評価やリスク管理をするうえでの留意が必要です。

不動産投資による収益の源泉は、テナント収入によるキャッシュフローであると考えると、長期にわたって安定的に得られる点がリターンとしての特徴、また株式などと比べて変動が相対的に小さく、またリスク分散効果が期待できる点がリスクとしての特徴です。

6 生命保険会社の団体年金（一般勘定）

⑴ 団体年金（一般勘定）の概要

資産運用を行う場合、最初に運用する資金（年金の場合は年金負債）の特徴を知り、これに応じた運用方針を策定することが重要です。生命保険会社の団体年金（一般勘定、以下「団体年金」）は、保険商品として毎年の予定利率を保証したうえで、さらには運用成果に応じた配当による利率の上乗せも期待できる商品です。長期的にみて、それぞれの企業年金が定める予定利率の確保が求められている企業年金にとって、団体年金は安定的な収益の確保を可能とする運用商品です。この項では、年金負債の特徴の理解と、これに対応する生命保険会社の団体年金の意味合いや重要性を考えます。

なお、予定利率という言葉が、保険商品、企業年金の双方で用いられるため、この項では保険商品の予定利率を「予定利率（保険）」、企業年金の予定利率を「予定利率（年金）」として、混同しないように使い分けます。

⑵ 予定利率（年金）とは何か

資産運用を行う前提として知っておくべき負債の特徴には、残高、毎年の給付（キャッシュフロー）、およびこれらに影響を及ぼす要因などがあげられます。年金負債の場合、負債の残高を推計するためには、いくつかの前提を置く必要があり、これらを基礎率と呼んでいます。

基礎率には、どれくらいの資産運用を見込むかを表す予定利率（年金)、どの程度の死亡を見込むかを表す予定死亡率、中途退社などの途中での脱退の程度を見込む予定脱退率、今後の賃金の上昇を見込む予定昇給率があります。過去の実績や現在の市場環境、企業業績などをふまえてこれらを見込み、年金負債の残高を推計します。

さまざまな基礎率のうち、特に予定利率（年金）とは何かを説明します。企業年金は、加入者からの掛け金を積立金としてプールして、これを資産運用などによってふやし、この運用によりふえた資産を年金として支給する仕組みです。したがって、資産運用による運用利回りの想定を織り込んだうえで、加入者からの掛け金の水準を決定しています。予定利率（年金）とは、掛け金を決めるための運用利回りの想定値を意味しています。

予定利率（年金）の水準と掛け金の関係は、予定利率（年金）を高く見積もると、多くの運用収益が見込まれるために掛け金の水準は少なくなります。逆に、予定利率（年金）の見積もりが低いと、より多くの掛け金が必要となります。したがって、掛け金が少なくてすむように、予定利率（年金）を高く見積もりたくなりますが、実際の運用利回りが予定利率（年金）に満たない状況が続くと、この不足分を補うために掛け金の引上げや年金給付額の削減などの対策を講じなければなりません。したがって、予定利率（年金）は、市場環境や運用計画などの現実をふまえた適正な水準を想定する必要があります。

⑶ 団体年金とは何か

生命保険会社は企業年金向けにさまざまな商品を提供していますが、団体年金はそのうちの１つです。団体年金の最大の特徴は、毎年の保険商品としての予定利率（保険）を保証している点です。また、これに加えて、毎年の運用成果によっては、予定利率に上乗せする配当も期待できます（図表５－６参照）。この一方で、長期的視点に立った投資を可能とするため、払戻

図表５－６　団体年金のイメージ

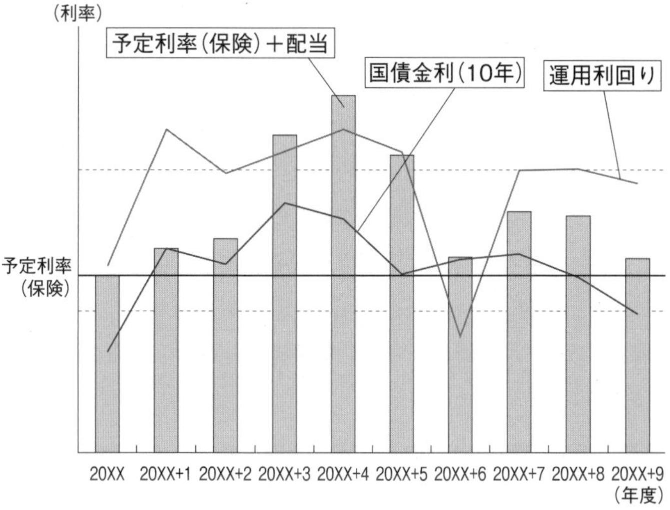

しや解約時の「払戻等控除」の仕組みが導入されている場合があります。

まずは、予定利率（保険）と配当について説明します。予定利率（保険）は、市場環境や払戻等控除の有無などを考慮して、各保険会社が決定します。予定利率（保険）が1.25％の団体年金を契約していると仮定すると、保険会社の実際の運用利回りがマイナス１％であったとしても、1.25％の予定利率を保証します。逆に実際の運用利回りがプラス２％の場合は、予定利率（保険）の1.25％に加えて、たとえば配当として0.40％を上乗せした1.65％の利回りとなるような仕組みです。実際の運用利回りが予定利率（保険）よりも低い場合をカバーするための財源として、実際の運用利回りが予定利率（保険）を上回っても全額を配当せずに一部を留保することなどにより、長期にわたって予定利率（保険）＋αの利回りを提供するものです。なお、配当の水準は、毎期の運用利回りなどに応じて、各保険会社がそれぞれの考え方に基づいて決定します。

払戻等控除は、実際の運用利回りのブレを長い時間をかけて吸収し、より高い予定利率（保険）の設定と安定した収益を実現するために、金利上昇局面での資金流出を抑制するための仕組みです。年金や一時金の支払などの必要額の払戻しや解約の場合は、払戻等控除は適用されません。一方で、ほかの運用商品や運用機関への資金の移替え、同一の保険会社であっても一般勘定から特別勘定の年金商品への資金の移替え、厚生年金基金の代行返上を行うため、などの理由による払戻しや解約の場合は払戻等控除が適用されます。なお、払戻等控除による控除額の算出方法や適用要件などは、各保険会社によって異なります。

このように、団体年金は予定利率（保険）＋αの利回りを安定的に生み出す資産であり、国内株式や国内債券などのほかの資産クラスのような時価変動による影響は大幅に抑制された商品です。

(4) 企業年金と団体年金

団体年金は予定利率（保険）＋αの利回りを安定的に生み出す資産であるため、予定利率（年金）を安定的に確保したい企業年金のニーズに適った商品です。しかしながら、多くの場合は、予定利率（保険）よりも予定利率（年金）の水準が高くなっており、団体年金だけでは予定利率（年金）を満たすことはできません。また、頻繁に資金移動を行うと払戻等控除が生じるために、結果としての運用コストが割高になる可能性があります。

資産ポートフォリオの時価変動を抑制する目的で、予定利率（保険）と予定利率（年金）の乖離幅、アロケーション変更の可能性などを勘案して、一定程度の投資を継続的に行うことは検討に値するでしょう。

7 企業年金運用に必要な取組み

(1) 年金運用に必要な経験

日本経済が右肩上がりで成長している過程では、有価証券を中心とした投資を行っても年金運用の成果は、中長期的にみれば十分なリターンを得ることができました。しかし、日本経済の成長が鈍化し、かつ、デフレが長期に継続した結果、企業年金が前提とする想定運用利回り（予定利率）を、資産運用で確保することは困難となってしまいました。それでも企業年金の担当者は、少しでも高い利回りを得ようとし、また、リスクを抑制することで、年金資産をふやすことに注力してきました。一部の年金では、成熟度が高まったために掛金収入を給付が上回り、継続的に資金流出となった状態で運用を継続しなければならなくなっています。このような状況においては、従来以上に慎重なスタンスが求められるだけでなく、より慎重な投資への取組みが必要になります。

企業年金の運用担当者には、規約型にせよ基金型にせよ、まず、十分な運用の知識・経験が求められます。個人資産の運用に関するファイナンシャルプランニングの技能では不十分ですし、また、証券アナリスト資格を有しているだけでは、決して満足できるものではありません。これらと同等の知識は、諸団体の実施する研修等でも得ることができるでしょう。運用会社や機関投資家で投資の現場を経験したことは、企業年金の自家運用を行う場合に有益でしょう。ところが、実際の企業年金運用は、保険会社・信託銀行・運用会社への運用委託が大半です。この場合に求められるものは、単なる運用経験ではなく、外部の運用者に対する運用委託の経験であり、リスク管理的なアプローチが必要なのです。

かつての信託銀行や生命保険会社の資産運用においては、自家運用が原則とされており、「運用のプロフェッショナルが、他社に運用を委託する必要はない」といったプライドをもつ担当者が多かったものです。しかし、この30年ほどの間で、自社内に運用ノウハウが十分にないものに関しては、必ずしも自前で行わずに、費用対効果を考えながら、優秀な外部の運用者に運用を委託するという方針に転換しています。運用会社についても同様です。特に、海外への専門的な投資やオルタナティブ投資と呼ばれる領域に関しては、高い専門性を有する運用者を選別し、運用を委託することが普通になっています。こういった委託運用の経験こそが、多くの企業年金にとって必要な運用経験なのです。

⑵ 外部委託運用での視点

デリバティブやヘッジファンドといったカタカナ表記の運用すべてが危険なものではないし、それだけで忌避すべきものではありません。高度な運用手法を活用して高い利回りを得ようとするならば、避けて通ることはできないでしょう。外部へ運用の委託を行う際には、投資内容とプロセスに対して、事前と事後の十分な調査（デューデリジェンス）が必要です。決して過去のパフォーマンスや運用を受託している資産規模等のみをみるのではなく、運用会社の実態を極力詳細にみるべきですし、特に、海外に運用を再委託している場合には、石橋を叩いて渡るくらい慎重に評価を行う必要があります。みるべき視点としては、運用に携わる人数や資産残高、過去の運用成果といった定量的な指標だけでなく、運用に従事するマネージャーの経験・経歴等、定性的な要素も確認したいものです。

タックスヘイブンに籍を置く外国籍投信を利用したり、海外の信託銀行を介在させることが、すぐに資金の流れを不透明化させるものではありません。タックスヘイブンを利用するのは、ほかの先進国にファンドの籍を置く場合と異なり、あくまでもファンドの設定手続が容易であるというだけであって、必要なのは信託銀行や監査法人といった第三者によるチェックに加えて、運用を委託する年金自身の分析・評価なのです。

大切な加入者の年金資産の運用を、外部の運用者に委託するのですから、受託者責任を第一に負う年金は、運用者に対する十分な調査分析が不可欠です。当然、そのために必要な「眼」を養うことが求められるのです。もし、年金の運用を担当し責任を負うべき人間が外部委託運用の経験などを通じた鑑定眼をもてないのであれば、外部有識者を交えた資産運用委員会や年金コンサルタントなどの第三者に判断の委託を考える必要があります。

運用者に対する評価は、金融庁および証券取引等監視委員会の検査を経たからといって、十分であると判断してよいものではありません。金融庁と証券取引等監視委員会の検査対象は、メガバンクから中小金融機関、証券会社から保険会社等さまざまな業態に及び、運用会社に限っても投資一任勘定や公募投資信託から小規模な投資助言業者まで幅広くなっており、対象業者は膨大な数にのぼります。一方、監督官庁側の人的資源には限界があります。明白な法令違反行為のない限り、アプリオリに安全であると判断するのは早計でしょう。

(3)　年金運用における再現性の問題など

外部の運用者に運用を委託する場合、過去のパフォーマンスの高さ（絶対水準としての利回りの高さ、もしくは、ベンチマーク

図表５－７　企業年金に対するさまざまな圧力

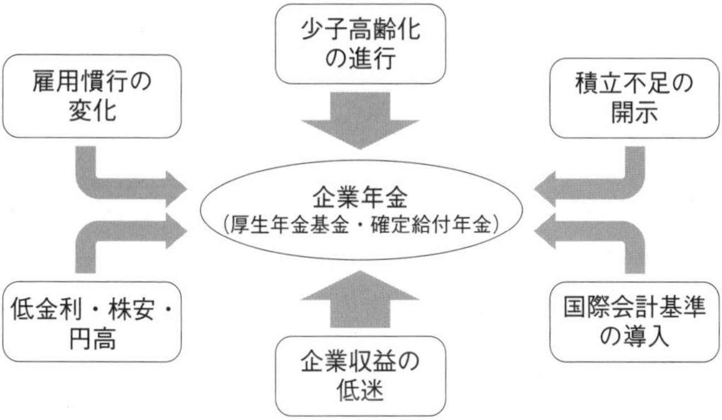

に対する安定的な超過収益の確保）に目を奪われがちですが、そのことが将来の高パフォーマンスを約束するものではありません。過去に高い成果をあげていたとしても、再現性のある運用かどうかを検証する必要があります。運用者が長期間にわたって安定的に高いパフォーマンスを得ることは、決して容易ではありません。再現性のある運用手法かどうかを見極めるのが、運用委託を行う先として適切であるかどうかの１つの重要な判断材料でしょう。

再現性のある運用手法とは、すなわち、投資有効性の確信度の高いものであり、背景にある考え方は、ファンダメンタル分析やクオンツアプローチのような金融工学的アプローチなどさまざまなものがあり、決して１つではありません。しかし、運用者の「勘」のような合理的な説明が不可能なジャッジメンタル・アクティブ運用は、再現性が乏しいものです。洋の東西を問わず、投資詐欺による損失発生事件は散見されますが、投資手法の再現性を確認するのもデューデリジェンスの重要な要素でしょう。

そのほかに、運用の外部委託に際して意識しておくべき要素として、以下の３点をあげることができます。

① 業界全般を見回してみて特異な運用成果をあげている場合には、実態を疑ってみる必要があります。

② 同様な立場の年金や運用者の動向に左右されず、十分な審査も行わず横並びや拙速に飛びつくべきではありません。

③ 不明瞭なリスクをとる以前に、制度の前提となっている予

定利率の引下げ等、運用の負担を減らす取組みは考えられないかどうか検討する必要はないでしょうか。

結局のところ、運用に関しては慎重に取り組むことが必要なのであり、性急な判断は後々に禍根を残してしまうことになる可能性が高いのです。

COLUMN コラム⑤ COLUMN

年金運用コンサルティングについて

従来、企業年金の運用については、投資可能な資産の種類と割合を定める「5：3：3：2 規制」が課されていました。年金資産の資産別構成割合は、国内債券などの安全資産が5割以上、株式が3割以下、外貨建て資産が3割以下、不動産が2割以下となるように制限されていました。また、運用の委託先も、信託銀行と生命保険会社に限定されていました。しかし、資産バブル崩壊以降の市場環境の悪化により、年金運用の効率化を図る必要が生じたことを受け、1990年代後半には、「5：3：3：2 規制」は撤廃され、投資顧問会社が運用委託先として認められるようになりました。

運用規制が緩和されたことを受け、2000年以降、年金運用の投資対象は格段の拡がりをみせています。先進国の株式や債券を中心とする伝統的資産だけでなく、ヘッジファンドやコモディティなどの非伝統的資産（オルタナティブ資産）や新興国の株式や債券も、投資対象として広く一般に認められるようになっています。また、規制緩和後も厳しい市場環境が続き、企業年金の運営主体と運用機関の双方で、リターン確保への切迫したニーズが強まったこともあり、運用商品の多様化・複雑化が進んでいます。いまや、年金運用の効率性を追求するうえでは、高度な専門知識や広範な情報が不可欠となっているのです。年金運用の高度化・専門化が進むなか、外部の専門機関による運用コンサルティングを有効に活用することの意義は高まっています。

年金運用コンサルティングは、主に、目標とする資産構成割合（政策アセットミックス）の策定、運用機関・商品の選定、委託先の運用機関・商品の実績評価において、活用することが考えられます。いずれの場面で活用するにしても、年金運用の意思決定がそのアドバイスに影響される可能性があるため、コンサルティングを委託する外部機関の選定に際しては、提供される情報やアドバイスの中立性・公平性・適切性に配慮する必要があります。なお、運用プロセス上のさまざまな意思決定の最終的な主体は、あくまでも企業年金制度の運営者です。専門的な知識や情報の補完が目的であることを認識したうえで、年金運用コンサルティングを活用することが大切です。

第6章

企業年金（確定給付型年金）のリスク管理

1 予定利率の決め方

(1) 予定利率と掛け金の関係

確定給付型年金では、「給付現価＝掛金収入現価＋積立金」という関係式にのっとって、掛け金が決定されます。現価とは、将来に発生する金額を割引率で割り戻すことで、現時点の価値に換算した金額のことです。たとえば、現在手元にある100万円を年率３％の預金に１年間預けると、１年後には103万円（＝100万円×（１＋３％）＝100万円×1.03）となります。逆に、１年後の103万円を年率３％で割り戻すと、現在の金額100万円（＝103万円÷1.03）が計算されます。このように将来の価格を、ある利率で割り戻すことで計算される金額が現価です。

またこの例では、現在の100万円と１年後の100万円の実質的な価値が異なります。１年後の100万円を現価に換算すると97.1万円（＝100万円÷1.03）となるためです。このように時点の異なる金額は、そのまま比較することができないため、比較する場合には時点をあわせる必要があります。この際に利用されるのが、現価という考え方です。

要するに冒頭で示した関係式は、将来の時点の異なる給付や掛け金の関係を、比較可能なように現在時点の価値で示したものということです。したがって年金財政では割引率として、運用収益の見込みである予定利率が使われることを考え合わせると、「給付現価＝掛金収入現価＋積立金」は、「将来支払う給付額＝将来受け入れる掛け金＋予定利率に相当する将来の運用収益＋現在の積立金」のように、将来の価値で近似的に表すことができることになります。

この関係式は、将来の給付の確実性を高めるために維持すべき収支の均衡関係を表すものであり、掛け金を決める際の原則です。この原則に従うと、左辺の「将来支払う給付額」と右辺の「現在の積立金」を所与とすると、将来の給付をまかなうために確保すべき「将来受け入れる掛け金」と「将来の運用収益」の合計額は「将来支払う給付額－現在の積立金」に固定されます。つまり、将来の運用収益の見込み額、あるいは、将来の運用収益の見込みである予定利率を決めると、自動的に掛け

図表6－1　予定利率と掛け金の関係

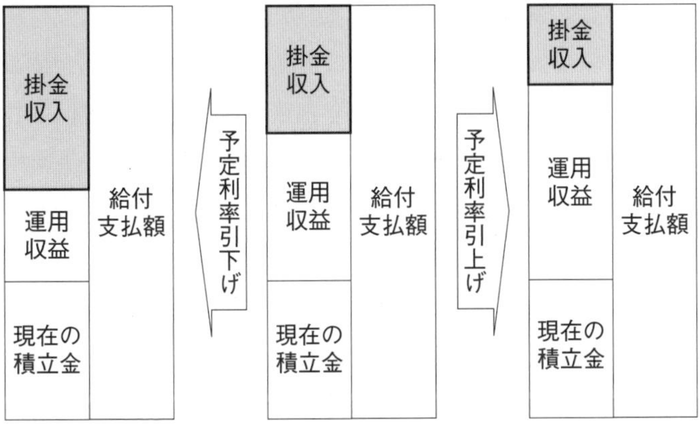

金が決まる仕組みとなっているのです。

予定利率を引き上げると将来の運用収益がふえるため、掛け金は少なくなります。逆に予定利率を引き下げると、掛け金は多くなります。これが予定利率と掛け金の基本的な関係です(図表6－1参照)。

(2) 予定利率を高く設定することの影響

予定利率と掛け金は二律背反の関係にあるからといって、掛金負担額だけを基準に予定利率を決めることはできません。予定利率は運用収益の見込みであるためです。予定利率を高めに設定すれば、掛金拠出額を抑えることができます。しかし予定利率が高いということは、高い運用収益を目指すということであり、高い運用収益を獲得できるように年金資産の運用を考えなくてはならないということです。ファイナンスにおいては、リスク（運用利回りの変動性）とリターン（運用利回り）がトレードオフの関係にあると考えるのが一般的です。つまり、高いリターンをねらうということは、高い運用リスクを負担するということに他なりません。10年国債でたかだか１％弱（2012年５月時点）の利回りでしかない国内債券を中心とした運用をするのではなく、より高いリターンを追求するために、株式や不動産、商品（コモディティ）といった価格変動性の高い資産により多くの資金を投じなくてはなりません。株式などの価格が想定どおりに値上りすれば問題ありませんが、価格変動性の高さが裏目に出て、想定外の価格下落に見舞われる可能性も高まることになるのです。世界中の金融資本市場を震撼させたリーマンショックを含む2007年７月から2009年２月にかけて、全世界の株式市場は約50％下落しました。わずか１年半で株価が半分になったのです。100年に一度の事象といわれたように、リーマンショックは極端な事例かもしれませんが、高い運用収益をねらうということは、損失額が大きくなる危険性も同時に高まるということなのです。

また、大幅な運用損失により積立金を毀損すれば、当初想定していた「将来支払う給付額＝将来受け入れる掛け金＋予定利率に相当する将来の運用収益＋現在の積立金」の均衡は大きく崩れます。予定利率に見合った運用収益が積立金に積み上げられるのであれば、時間が経っても収入と支出の均衡は保たれるはずです。しかし運用収益どころか運用損失ともなれば、将来の給付に必要な積立金が不足する、いわゆる、積立不足の状態に陥ることになります。その積立不足が一定水準を超えて拡大する場合には、積立不足を解消するために掛け金を追加拠出する必要に迫られることになります。

結局、非現実的な高い水準に予定利率を設定しても、それによって軽減される掛け金は、いずれ追加的な掛金拠出というかたちで相殺されることになります。深刻な積立不足を招く危険性が高まることや、計画的な掛金拠出ができないという観点からは、むしろデメリットのほうが大きいかもしれません。

(3) 予定利率設定の考え方

予定利率は、年金財政の健全性を確保するための財政計算における仮定の１つにすぎません。その仮定から実績が乖離すれば、それによって生じる積立金の過不足は掛け金の見直しを通じて調整されることになります。遠い将来にわたる非常に長い期間でみれば、予定利率の設定水準にかかわらず、企業が負担する掛け金はそれほど変わらないと考えることができるのです。

しかしながら、予定利率を極端に高くすると、前述のとおり弊害が大きくなります。反対に、運用環境に照らして極端に低い水準に予定利率を設定する場合は、運用リスクの低下を通じて、過大な積立不足に陥る危険性は低くなり、また高めの掛金拠出により積立が早期化されます。すなわち、健全かつ安定的な財政運営が期待できることになります。しかしこの場合でも、過剰な掛け金を継続的に拠出しなければならないため、母体企業の資金効率を悪化させるというデメリットが生じます。

実際には、確定給付型年金の予定利率として設定できる下限が定められています。直近５年間に発行された10年国債の応募者利回りの平均と、直近１年間に発行された10年国債の応募者利回りの平均のいずれか低い率を基準として、厚生労働大臣が毎年決定する下限予定利率を下回る水準に予定利率を設定できないよう、法令で定められています。

年金という超長期にわたる財政運営においては、目先の掛金負担を重視するのではなく、長期的観点から無理なく計画的に拠出でき、同時に資金効率を極端に悪化させないような水準に掛け金を設定する必要があります。そのためには、過去や現在の運用環境の分析や、将来の経済金融予測などを通じた蓋然性の高い予測に基づいて、適切な予定利率の範囲を定めることが求められます。

2 積立不足と母体企業との関係

(1) 積立不足の発生要因

積立不足とは、実際に積み立てられている積立金（会計上は、積立金＋退職給付引当金）が、将来の給付のために積み立てておくべき額を下回り、不足額が発生している状況のことです。企業年金の積立状況は年金財政と企業会計といった目的の異なる２つの側面から評価されますが、積立不足の算定方法についての基本的な考え方は共通で、いずれも将来予測される給付をある割引率で割り引いた現在価値を負債とし、この年金負債と積立金との差額が積立不足として算定されます。実際には年金財政上と企業会計上とでは、積立不足（余剰）が大きく異なることが往々にしてありますが、積立不足が年金負債の増大と積立金の減少という２つの要因によって発生する点では違いはありません。

年金財政上、企業会計上の年金負債はさまざまな要因によって変動します。たとえば、受給者の実際の死亡率が予定死亡率よりも低ければ、将来の年金給付負担が高まるため、年金負債は増大します。将来の給付を予測する際、予定昇給率や予定脱退率、予定死亡率といった基礎率に仮定が置かれますが、基礎率の実績が仮定と異なるのが常であり、その内容次第では年金負債を増大させる可能性があるのです。ただし、こうした仮定と実績の差異による影響は、通常それほど大きなものではありません。

むしろ年金負債を大きく変える要因として注意が必要なのは、将来の給付を現在価値に割り引く際の割引率の変化です。年金負債は将来予測される給付を割引率で割り引くことで算定されます。割引率が上昇すれば現在価値として計算される年金負債は減少し、逆に低下すれば年金負債は増加します。年金財政においては、この割引率として運用利回りの見込みである予定利率が利用されるため、企業年金の運営主体が自ら水準を変更しない限り割引率が変化することはありません。しかし、企業会計上の年金負債を計算する際に適用される割引率は市場利回りです。運営主体の意思とは関係なく、経済情勢に応じて変化します。決算期末における市場利回りの水準によっては、仮に将来予測される給付水準が変わらないとしても、年金負債は大きく変化する可能性があります。市場利回りが大きく低下すれば、年金負債は大きく増大することになるのです（実際には重要性基準により、前期末の割引率から期末の市場利回りに割引率を変更しても、退職給付債務の変化が10%未満にとどまれば、前期末の割引率を適用することが認められています）。

積立不足を発生させるもう１つの要因は、積立金の減少です。積立金は掛金収入や給付支払によっても毎期変動しますが、最も影響が大きいのが運用成績です。年金財政上では予定利率として、企業会計上では期待運用収益率として、運用利回りの見込みがあらかじめ設定されますが、この見込みを実績が下回ると、積立状況の悪化を招くことになります。

以上のように、年金財政上の積立不足は年金資産の運用不振が主な要因です。一方、企業会計上では、運用不振に加え、年金負債の増大を招く市場利回りの低下も、見過ごすことのできない積立不足の発生・拡大要因となります。

(2) 年金財政上の積立不足の影響

年金財政では、将来の給付の確実性を保持する目的から、積立状況が毎年チェックされます。順調な積立ができずに積立不足が一定水準を超える場合には、年金財政の健全性を取り戻すため、掛け金の増額によって不足の解消が図られます。

増額される掛け金は母体企業が負担します。母体企業にとっては、予期せぬ資金流出を迫られることになります。不足解消のための掛け金は、単年度で全額拠出する必要はなく、10、20年タームで少しずつ拠出することが認められています。とはいえ、長い期間にわたって資金負担が高まるわけですから、母体企業にも少なからず影響を及ぼすことになります。

追加的な掛金拠出により資金繰りが悪化すれば、企業の信用が揺らぎかねません。また、投資資金が圧迫されれば、設備投資や研究開発を計画どおりに進めるために高いコストを払って外部から資金調達する必要に迫られる、または投資計画そのものの修正を余儀なくされる可能性もあります。

年金財政上の積立不足は、状況によっては企業の資金計画に支障をきたし、企業の信用力や成長戦略に悪影響を及ぼしかねないことに留意する必要があります。

(3) 企業会計上の積立不足とその影響

企業会計においては、費用処理と負債計上という２つの経路で、積立不足（退職給付債務－年金資産－退職給付引当金）が母体企業の財務諸表に影響を与えます。

会計上の積立不足は母体企業の損益計算書で費用として処理し、貸借対照表の負債として計上するのが企業会計の原則です。ただし現行（2012年度現在）の会計基準では、不足額を全額その期の財務諸表に反映する必要はなく、時間をかけて少しずつ費用処理し、負債計上する「遅延認識」が認められています。このため、各期の財務諸表への影響は、通常、決して多額なものではありません。しかしながら不足が解消されるまでの間、利益や純資産が圧迫され続けることになります（図表６－２参照）。また、不足額が多額となれば、大幅減益や純資産を大きく毀損する事態を招く可能性も高まります。

2014年３月期からは、連結決算の貸借対照表への積立不足の計上が、「遅延認識」から不足額を全額一括計上する「即時認識」へと変更されます。今後、単体決算にも「即時認識」が適用される可能性があります。そうなれば、運用実績や市場利回りの変動が、直接的に負債に反映されることになります。市場実勢に応じて企業の純資産が変動することになるため、財務の安定性が損なわれる危険性は高まることになります。

図表6－2　積立不足の母体企業への影響

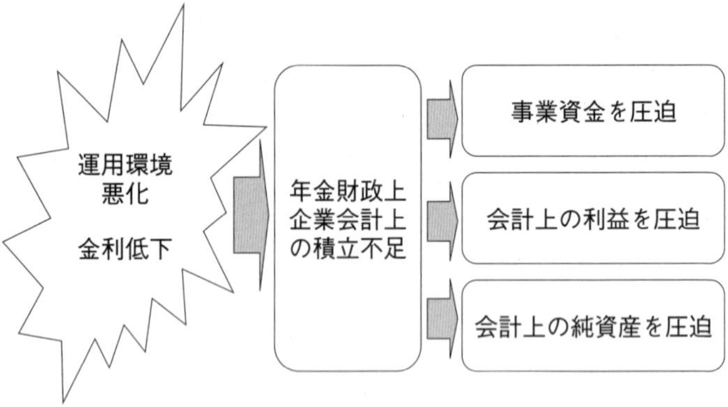

このため、会計上の積立不足によって企業利益の追求や財務健全性の維持が大きく妨げられることがないよう、適切な管理が求められます。

(4)　企業年金のリスク管理が重要に

1990年の資産バブル崩壊以降、市場利回りは急速に低下し、2000年代に入ってからは低金利が常態化しています。一方、年金運用で重要な収益獲得の手段として期待されてきた株式についても、失われた20年を通じて長期低迷を余儀なくされています。こうしたなか、年金負債の増大と積立金の減少という両面から、積立不足が深刻化する事例が散見されています。

もっとも、大半の企業においては、積立不足による影響は限られるものと推測されます。しかし、積立不足が発生すれば母体企業がその穴埋めの責任をもち、不足が拡大するリスクを負担するのも母体企業であるという根本的な仕組みは、企業を問わず共通です。企業経営活動が大きく制約されないように企業年金のリスクを管理することの重要性は、不安定な運用環境が続くなかで、いっそう高まっているといえそうです。

3 代表的なリスク管理手法

(1) 年金運用のリスク管理の全体像

年金運用は、約束した給付の支払が滞ることがないように、安全かつ効率的に行うことが求められます。つまり、年金財政上の積立不足が過大とならないようにリスクを適切に管理しつつ、長期的な観点からリターン獲得を目指す必要があります。

これを全うするうえで、年金運用にまず求められるのが分散投資です。単一の資産や運用方法への集中投資を避け、リスク・リターン特性が異なる複数の資産・運用方法に分散して投資することで、運用成果の振れ幅（リスク）の抑制を図ることが、運用およびリスク管理の大前提とされています。

この大前提のもとで、資産全体、資産クラスごと、運用機関ごとの３つの視点から定期的にリスクの状況をモニタリングし、状況に応じて軌道修正をかけながらリスクを適正な範囲にコントロールするのが、年金運用で一般的なリスク管理です。

資産全体では、あらかじめ設定した資産構成割合の目標（政策アセットミックス）からの乖離をリスクととらえ、目標と実績の乖離状況をモニタリングし、必要に応じて乖離を解消することでリスクを管理します。資産クラスごとでは、各資産の運用実績やリスクの大きさ、リスクの偏り（特定の銘柄や業種、属性に投資が偏っていないか）を評価し、適宜、運用方法や商品の構成割合の見直しを行います。運用機関ごとでは、あらかじめ提示する運用ガイドラインの遵守状況や運用状況を確認し、必要に応じて改善のための指示を行います。

なかでも、「年金資産全体の運用成績の約９割を決める」ともいわれる政策アセットミックスの策定は、年金運用上、ひいてはリスク管理上、最も重要な意思決定とされています。

⑵　代表的な政策アセットミックスの決定プロセス

長期的な視点が求められる年金運用においては、短期的な経済や市場の動向に応じて資産構成割合を機動的に変更するよりも、基本となる資産構成割合を決めて、これを維持するほうがよい結果をもたらすとの考え方があります。こうした考え方が支持されてきたことを背景として、現在では、長期的に維持すべき資産構成割合として政策アセットミックスを策定すべきとの認識が広まっています。

政策アセットミックスの決定手法にはさまざまなプロセスが考えられますが、広く一般的に利用されているのが、①平均分散アプローチによりポートフォリオ（資産構成割合）を選択し、②ALM分析を通じて最終的に政策アセットミックスを決定する、というプロセスです（図表６－３参照）。

平均分散アプローチは、期待リターン（将来見込まれる平均的なリターン）と期待リスク（将来のリターンの振れ度合いを表

図表6－3　代表的な政策アセットミックスの決定プロセス

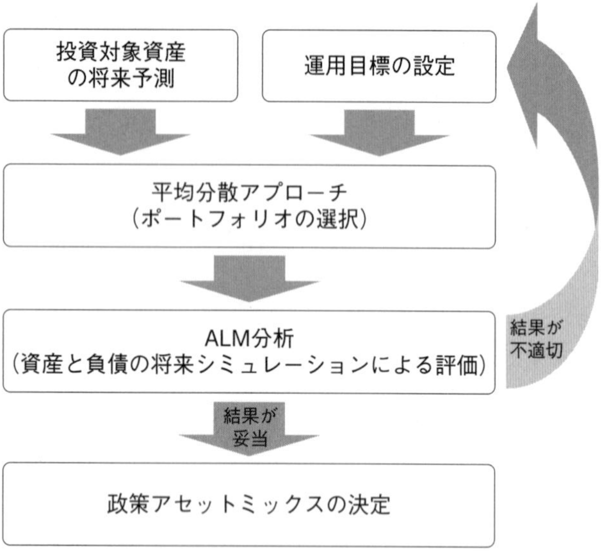

す標準偏差）の２つの尺度を使い、期待リターンが同じならば期待リスクが最も小さい「効率的フロンティア」と呼ばれるポートフォリオ群を作成し、そのなかから目標リターンを上回り、かつ、最も期待リスクの小さいポートフォリオを選択する手法です。期待リターンや期待リスク、相関係数（資産間のリターンの連動性）を、長期的な観点から資産ごとに予測し、その予測値と目標リターンをもとにポートフォリオを特定する手法です。原則として資産サイドの予測情報のみでポートフォリオを選択する手法であるため、アセット・オンリー・アプローチと呼ばれることもあります。なお、一定の予定利率でふえる

ことを前提とする年金財政上の負債をターゲットとする運用・リスク管理であるため、目標リターンは年金財政上の予定利率を上回るように設定するのが一般的です。

平均分散アプローチによって特定されたポートフォリオは、ALM分析によって年金財政への影響が確認されます。ALM分析では、特定されたポートフォリオを長期にわたって維持することを前提に、資産と負債の将来の推移をシミュレーションし、将来の積立比率や積立不足に陥る確率、追加的な掛金拠出の可能性などを推計します。母体企業の掛金負担能力や将来的な年金財政の健全性に照らして、推計結果に問題がなければ、このポートフォリオを政策アセットミックスとして最終決定します。反面、積立不足が過大となるなど、推計結果を受け入れることができない場合には、目標リターンや資産別構成割合の上下限など、平均分散アプローチでポートフォリオを特定する際の条件を変更しながら一連のプロセスを繰り返します。そして、複数のポートフォリオを比較検討したうえで、最終的に政策アセットミックスを決定します。

なお、平均分散アプローチは、各資産の期待リターンなどの水準によって特定される資産構成割合が大きく変化するという弱点があります。このため、特に各資産の期待リターンについては、こうした弱点を認識したうえで慎重に推定することが必要です。

⑶　リバランスによる資産構成割合の維持

政策アセットミックスは、積立不足となる確率を抑えながら、年金財政上の運用目標である予定利率を長期的に達成するうえで、最も適した資産構成割合です。したがって、政策アセットミックスが一度決定されると、実際の運用においてはその割合を維持することが求められます。しかし、実際の資産構成割合は、市場価格の変動によって政策アセットミックスから乖離します。この乖離を放置すれば、目標リターンが長期的に達成できなくなる、もしくは、想定以上のリスクを抱え込むことにもなりかねません。このため、実際の資産構成割合が政策アセットミックスから大きく乖離する場合には、政策アセットミックスの構成割合を上回る資産の一部を売却し、下回る資産を買い増すリバランスを行い、乖離を解消することが求められます。

ただし、市場価格の変動によって小幅な乖離が生じるたびにリバランスを行うことは、売買コストの面などから非効率となります。このため通常は、「政策アセットミックスの各資産の構成割合±○○%」というように、資産ごとにリバランスしなくてもよい許容範囲をあらかじめ設定しておき、月末あるいは四半期末時点で実際の資産構成割合が許容範囲を逸脱している場合にリバランスを行うといった運営がとられています。

⑷ 政策アセットミックスの見直し

政策アセットミックスは長期的な予測に基づいて、長期にわたり維持すべき資産構成割合として策定するのが基本的な考え方です。しかし、予定利率や予定昇給率などの年金財政上の基礎率が全面的に洗い替えられ、予測される年金負債の将来推移が大きく変化する場合には、それまでの政策アセットミックスは最も適切な資産構成割合ではなくなります。このため実務上は、掛け金の全面的な見直しを行う財政再計算にあわせて、3～5年に一度の頻度で政策アセットミックスを見直すのが通例となっています。

このほか、運用環境が著しく変化し、各資産の予測値が経済や運用環境の実態にあわなくなる場合にも、期待リターンなどの予測値の修正を行い、政策アセットミックスを見直す必要があります。

4 リスク管理の新たな視点と管理体制

(1) 企業会計上の年金負債をターゲットとするリスク管理

運用環境の悪化により積立不足の拡大が懸念される一方で、企業会計上の年金負債（退職給付債務）と年金資産の差額を、その決算期の母体企業の財務諸表に全額一括して反映する「即時認識」の適用が視野に入ったことを受け、近年、LDIという手法が注目されています。LDIとは年金負債の変動を考慮した運用のことです。運用とはいっても、年金資産だけでなく、年金負債の変動によっても生じる積立過不足を管理することを目指した政策アセットミックスの決定および運用であるため、リスク管理手法の１つととらえられるものです。

代表的な政策アセットミックス決定プロセスとの違いは、企業会計上の年金負債を管理対象とする点にあります。企業会計上の年金負債は、決算期末の市場利回りの水準によって変動します。市場利回りが前期末に比べて下がればふえ、上がれば減るという特性があります。こうした市場利回りの変動に応じて増減する年金負債に対して、年金資産の過不足をコントロールする運用戦略あるいはリスク管理手法がLDIです。

LDIでは、市場利回りの上昇・低下によって年金負債と同じように変動する国内債券ポートフォリオをリスクのない資産と位置づけます。この国内債券ポートフォリオを基本として、これに株式など国内債券以外の資産を組み合わせながら、企業会計上の年金負債の変動（リターン）からの乖離度合い（リスク）と、リスクをとることの見返りとして期待されるリターンが適正な水準となるように、ポートフォリオ全体の資産構成割合（政策アセットミックス）を決定します（図表6－4参照）。つまり、LDIは企業会計上の年金負債をベンチマークとして、年金資産のベンチマークからの乖離（過不足）をコントロールすることを主眼とするリスク管理手法といえます。

2012年6月時点の10年国債利回りは1％を割れるきわめて低い水準にあり、市場利回りがさらに低下するよりも、上昇する可能性が意識されています。市場利回りが上昇すれば企業会計

図表6－4　LDIによるリスク管理と資産構成割合

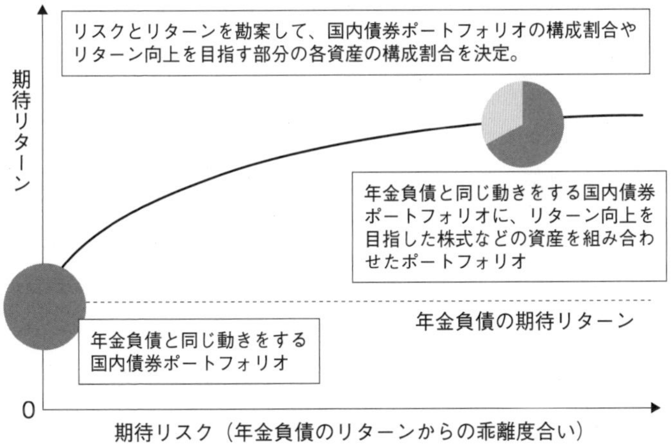

上の年金負債は減少するため、年金資産が減りさえしなければ積立比率の改善が見込める状況です。こうした状況下、市場利回りの上昇によって、年金負債と同じように資産価値が減少する運用への切替えを、このタイミングで行うのは得策ではないとの考え方が大勢を占めています。このため、LDIの概念そのものは受け入れられても、実際の運用に適用する事例は限られているのが実情です。

⑵ 成熟化と下方リスク管理

2007年のサブプライムローン問題の顕在化を切っ掛けとして、2008年のリーマンショックへと拡大した金融危機により、2007、2008年度の企業年金の平均的な運用利回りは、それぞれ約－11%、約－18%と大幅なマイナスとなりました。こうした未曾有の金融危機により、リスクが一時的に高まって想定以上に資産価格が下落することや、大きく資産価格が下落するときは、あらゆる資産が同じように下落することを思い知らされました。そして、過去のデータから計算される標準偏差（リターンの振れ度合い）や相関係数（資産間のリターンの連動性）が将来も一定で推移することを前提とする平均分散アプローチに代表される政策アセットミックス決定手法には限界があること、すなわち平常時には有用でも異常時には機能しないことがあらためて認識されました（図表６－５参照）。そして、発生する確率が低くても、発生したら多大な被害を受けるような異常な事象には、平常時のリスク管理とは別の手法により備える必要が

図表６－５　金融危機時（2007～2008年）の下方リスク

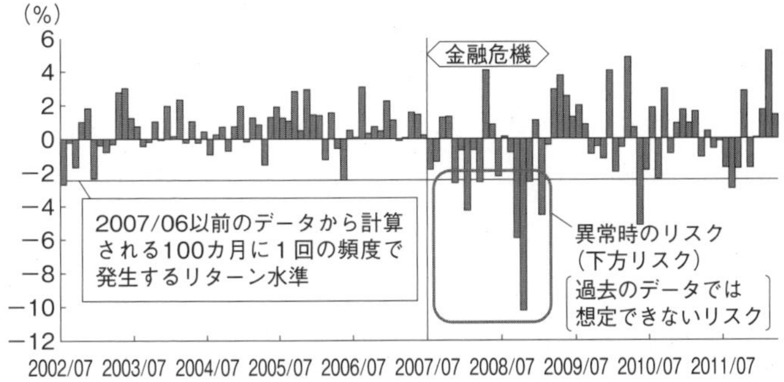

（注）「内債：45%、内株：20%、外債：10%、外株：20%、短資：５%」のポートフォリオの月次リターン。

（出典） Ibbotson Associates Japan のデータをもとに作成。

あることが強く意識されるようになりました。

多くの企業年金制度では、公的年金と同様、成熟化が進んでいるといわれています。一般に、企業年金制度を創設して間もない時期においては、加入者に比べ受給者が少ないため、受給者に支払う毎年の給付は、それを大きく上回る加入者からの掛金収入でまかなうことができ、給付支払後に残った掛け金は将来の給付の原資として積み立てることができます。給付支払のために積立金を取り崩すまでには十分に長い猶予があるため、年金運用で多額の損失を被っても、その後の長い期間で市場の回復を期待することができるのです。一方、制度導入から時間が経過すると、受給者数は増大していきます。受給者の増大に比べ加入者数が十分にふえない場合には、毎年の給付を掛け金だけではまかないきれずに、積立金の取崩しが必要となります。こうした取崩し期においては、市場の回復を期待できるほどの時間的な余裕はありません。また、資産の取崩しにより年々原資が減っていくため、大幅な損失が発生すると、それを取り戻すのは容易ではありません。このため、企業年金制度の構成員の高齢化が進み、成熟期を迎えた企業年金制度においては、大幅な損失（下方リスク）を抑制することが特に重要となります。

過去の平均的なリスクでは把握できない下方リスクについては、平均分散アプローチなどによるリスク管理とは別の手法により、把握する必要があります。そのための有望な手法の１つとして、ストレステストがあります。ストレステストは、将来、なんらかのストレス状態、すなわち、リーマンショックのような異常事態に陥ったときに、どの程度損失が発生するかを見極めるためのものです。異常なシナリオの立て方としては、①過去の異常時のデータを利用し、ストレス状態を再現する、②現在の経済環境や将来見通しに基づいてシナリオを立てる、の２つの方法があります。いずれにしても、闇雲に異常なシナリオを立てて、異常時の損失額（下方リスク）を計測するのではなく、あくまでも蓋然性が高いと思われるシナリオのもとで、下方リスクを評価することが重要です。市場の変動性が高まるなか、ストレステストなどを通じて評価される異常時のリスクも勘案しながら政策アセットミックスを決定することの重要性は、確実に高まっています。

(3) リスク管理体制

年金運用のリスクを管理するうえで最も重要な政策アセットミックスの決定については、本書で説明する手法以外にもさまざまなアイデアが提案されています。多様な手法のなかからどれを採用すべきかは、年金財政上や企業会計上の積立状況、運用の巧拙が母体企業に与える影響などによって異なります。実情をふまえて、優先すべき運用の目標やリスク管理の方針を明確にし、目的にあった手法を選択することが重要です。

とはいえ、唯一の手法だけに頼るのも危険です。年金運用はさまざまなリスクを伴いますが、単一の手法で評価できるリスクの種類には限りがあるためです。複数のリスク管理・リスク評価手法を併用して、年金財政上のリスクと企業会計上のリスク、平常時のリスクと異常時の下方リスクなど、多面的にリスクの所在や大きさを評価し、そのうえで政策アセットミックスや運用戦略を決定することが必要です。

もっとも、複数のリスク管理手法を併用して主要なリスクを定量的に把握できたとしても、油断はできません。重要なもののすべてが計量化できるとは限りませんし、いつ何時不測の事態に遭遇するかもわからないためです。資産運用には危険がつきまとうことを十分に認識し、市場の動向や運用状況を注視しつつ、「どのようなリスクが顕在化するか、それにどう対応するか」について絶えず考え続けること、あるいは、そうした意識をもってリスク管理に臨むことが何よりも重要です。

5 長寿リスクとインフレリスク

(1) 長寿リスク、インフレリスクとは

さまざまなリスクについて説明をしてきましたが、年金受給者や確定給付型年金などの年金制度が負っているリスクには長寿とインフレに関するリスクもあります。

最初に、長寿リスクについて説明します。生命表（厚生労働省）によると、2010年の男性の平均寿命は79.55歳でした。これは、10年前（2000年）の77.72歳と比較すると1.83年の長寿化、20年前（1990年）の75.92歳と比べて3.63年、40年前（1970年）の69.31歳より10.24年の長寿化となっています。この傾向は女性も同様です。家族が長生きをしてくれることは喜ばしいことですが、この長寿化分を見込まずに老後の生活設計をしているとすれば、これに対応するための生活費が追加的に必要となります。このように、長寿化に対する資金面の備えが十分でないことや、あらかじめ対応するために事前の追加的費用が必要となることを長寿リスクと呼びます。

次に、インフレリスクについて説明します。インフレ（Inflation）とは物価が継続的に上昇する状態を意味しており、対義語はデフレ（Deflation）です。インフレになると、食料品や家電・自動車などの耐久消費財、サービスなどのあらゆる価

図表6－6　年金等による収入と消費のイメージ

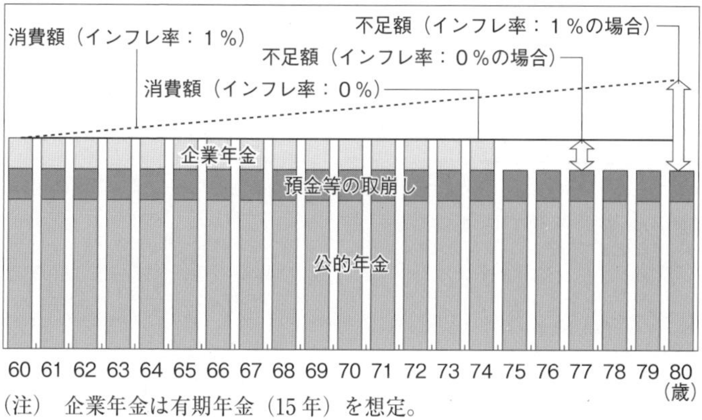

（注）　企業年金は有期年金（15 年）を想定。

格が上昇します。インフレによる消費者物価の上昇に応じて年金給付額も増加すれば問題はないものの、給付額が同じであればインフレ分だけ消費を抑制せざるをえません。また、仮に給付額をインフレに連動させるならば、これに必要な積立金の増額を資産運用や追加拠出によりまかなわなければなりません。このように、インフレによって実質的な年金額が目減りすることや、インフレ分をまかなうための追加的費用が発生することをインフレリスクと呼びます（図表6－6参照）。

⑵　公的年金と長寿リスク、インフレリスク

公的年金と長寿リスク、インフレリスクの関係を整理します。

最初に、公的年金と長寿リスクの関係ですが、公的年金は受給者が死亡するまで終身にわたって年金を支給する仕組みであ

るため、長寿リスクは受給者が負わず、年金制度が負っています。第１章で解説しているように、公的年金にはマクロ経済スライドという仕組みが採用されています。これは、現役世代の減少や引退世代の増加にあわせて１人当りの給付額の伸びを抑制して財政バランスを維持する考え方で、これには平均余命の伸びが勘案されています。

次に、インフレリスクと公的年金の関係を考えます。ここでもマクロ経済スライドの仕組みが機能しています。概要を説明すると、インフレ率がプラスであっても、そこからマクロ経済スライドにかかわるスライド調整分を差し引いた値を、実際の年金額の改定率とする仕組みです。インフレ率の上昇分だけ年金額も増額するわけではありませんが、インフレを考慮する仕組みになっており、仮にインフレ率を1.0%、スライド調整分を0.9%とすると、給付額は0.1%の増加となります。詳細にみると、このほかにも名目下限ルールなどがありますが、公的年金は限界的ではあるもののインフレリスクに対応しています。

(3) 企業年金の長寿リスク、インフレリスク

企業年金と長寿リスク、インフレリスクの関係を整理します。

最初に、企業年金と長寿リスクの関係ですが、これは各年金基金が採用している支給方法（終身年金もしくは有期年金）によって異なります。終身年金の場合は公的年金と同様に、長寿リスクは受給者が負わず、年金基金が負っています。一方で有期

年金の場合は、あらかじめ設定された支払期間を限度として、死亡するまで年金を支給する仕組みです。つまり、支払期間を超えて長生きをする場合、この間は企業年金の支給がありません。したがって、有期年金では、支払期間を超える期間の長寿リスクを受給者が負います。

次に、企業年金とインフレリスクの関係を整理します。第2章で解説しているように、確定給付型年金の給付額の主な算定方法には、定額方式、給与比例方式、ポイント制、キャッシュバランスプランの4種類があり、インフレリスクとの関係には違いがあります。定額方式では、給付額は勤続年数や加入期間に応じた定額としてあらかじめ決まるため、インフレには対応できません。給与比例方式では、給付額の算定に予定昇給率を用いるため、これにインフレを考慮することができます。しかしながら実際には、デフレが続き、給与のベースアップが見送られる環境下では、予定昇給率にインフレを反映しているケースはほとんどないでしょう。ポイント制では、能力や実績などの実質的な企業への貢献度合いをポイントとして付与し、これと1ポイント当りの支給額（ポイント単価）により給付額が決まります。したがって、ポイント制の場合は、ポイント単価がインフレ局面で変更されるか、それとも据え置かれるかにより、給付額に対するインフレの反映度合いが異なります。キャッシュバランスプランでは、各期の勤務に応じて配分される拠出クレジットと、前期末のクレジット残高に対して所定の利率により付与される利息クレジットを積み上げていき、退職時のクレジット残高によって給付額が決まります。この利息クレジットに適用する利率は、国債の利回りなどが用いられます。この利率に国債金利などのインフレ率との関連性のあるものを用いれば、給付額はインフレを反映したものになります。

参考までに、確定拠出年金とインフレリスクの関係も考えましょう。確定拠出年金は、拠出金の運用を加入者が自己責任で行うものであり、インフレリスクに対しても自身で備える必要があります。具体的には、加入している確定拠出年金の運用対象商品のなかから、株式や不動産、商品（コモディティ）などのインフレに連動すると考えられているものを運用対象とする商品に投資する方法などが考えられます。ただし、これらの商品は、インフレに対して完全には連動しないため、期待する効果が得られない可能性がある点に注意が必要です。このほかに、インフレを表す指標の１つである消費者物価指数に連動する資産として物価連動国債がありますが、これを運用対象とする商品は、現時点ではそれほど多くありません。今後インフレが生じる局面で、物価連動国債を組み入れた商品がふえるなら、これはインフレリスクに対応する有力な運用対象となるでしょう。

確定給付型年金、確定拠出年金のいずれの制度も、将来の年金相当分を退職時などに一時金として受取可能とする規定を設けている場合がありますが、この規定を利用すると長寿リスク、インフレリスクともに受給者が負います。

COLUMN コラム⑥ COLUMN

バイアウトを知っていますか？

皆さんのなかで、「バイアウト（Buy Out）って何？」と聞かれて、即答できる方は少ないのではないでしょうか。企業買収に関する用語として用いられることもありますが、企業年金の分野では意味が異なります。

バイアウトとは、年金基金が生命保険会社などの金融機関に、年金受給者などへの年金支給の義務を、協議により決めた金額を支払うことによって移管することです。年金基金はバイアウトの費用を支払うことによって、将来の年金支給の事務や会計処理などへの対応、資産運用や長寿、インフレなどのリスクから完全に解放されます。これらの対応やリスクは、移管を受けた保険会社などがすべて負います。バイアウトは、英国で盛んな手法ですが、その背景には、英国の企業年金の特徴や制度変更などが関係しています。英国の企業年金は、夫婦のいずれかが生存している限り年金を支給する連生年金で、所得代替率は３分の２程度、年金給付額がインフレに連動するなど、長寿化やインフレの影響を受けやすい仕組みとなっています。これに加えて、企業年金に関する規制や積立不足の即時認識などの会計基準の厳格化などが進められたため、一部の英国企業は企業年金を維持することによるリスクを、バイアウトを使って完全に外部へ移管する選択をしました。こうして、英国ではバイアウトの利用が進みました。また、バイアウトに類似した手法としてバイイン（Buy In）があります。これは、年金の支給や会計処理などは引き続き年金基金が行うものの、年金支給に必要な資金確保を保証する金融商品などを購入することによって、長寿やインフレなどのさまざまなリスクをヘッジする方法です。

では、わが国でも同様の動きが起きるのでしょうか？　わが国の企業年金を取り巻く環境をみると、長寿化は進んでいますが、近年はインフレではなく、むしろデフレ環境が続いています。会計制度では、積立不足の即時認識の導入などが先日決まりました。企業が導入している確定給付型年金の制度をみると、終身年金を採用している割合は多くなく、また退職時に一時金として受け取る場合もあります。したがって、会計基準の改定などの英国と類似した外部環境などの変化はみられるものの、年金の支給方法が異なることによって、長寿化などが将来の年金給付額に及ぼす影響は、英国と比べて小さいと考えられるため、日本企業がバイアウトを利用するニーズはあまり高くないでしょう。ただし、英国などに現地法人がある場合は、国内とは別に、現地法人の年金制度をどうすべきかを検討したほうがよいかもしれません。

第7章

確定拠出年金の資産運用

1 投資家教育の重要性

(1) 確定拠出年金における投資家教育

確定拠出年金では、加入者が自分で投資対象商品を選択することになるため、事前および制度加入後の継続的な投資教育が必要になります。数十種類にわたる投資対象商品のリストを渡されて投資対象を選択しなさいといわれても、いきなりでは戸惑ってしまうでしょう。最低でも、まず、確定拠出年金における運用の意味と、主要な投資対象のリスク・リターン特性、運用会社の控除する手数料等の水準といった知識は必要でしょう。また、年金受給開始までの運用期間に応じたモデルポートフォリオなどがあっても、参考になるかもしれません。

確定拠出年金の導入に際して、当時の厚生労働省が出した「確定拠出年金制度について」という通知文書（平成13年８月21日年発第213号）の別紙「確定拠出年金法並びにこれに基づく政令及び省令について（法令解釈）」のなかでは、投資家教育に対して多くの分量を割いて説明を行っています（図表７－１参照）。この通知自体がその後も複数回の修正を経ているものの、この内容では依然として不十分であるという指摘もあります。ここでは、１つの基準になるものとしてみておきましょう。

まず、基本的な考え方として、投資家教育については、「確

図表7－1　投資家教育に際して求められる具体的な内容

1　確定拠出年金制度等の具体的な内容

①　わが国の年金制度の概要、改正等の動向及び年金制度における確定拠出年金の位置づけ

②　確定拠出年金制度の概要

・制度に加入できる者とその拠出限度額
・運用商品の範囲、加入者等への運用商品の提示の方法及び運用商品の預替え機会の内容
・給付の種類、受給要件、給付の開始時期及び給付（年金又は一時金別）の受取方法
・加入者等が転職又は離職した場合における資産の移換の方法
・拠出、運用及び給付の各段階における税制措置の内容
・事業主、国民年金基金連合会、運営管理機関及び資産管理機関の役割
・事業主、国民年金基金連合会、運営管理機関及び資産管理機関の行為準則（責務及び禁止行為）の内容

2　金融商品の仕組みと特徴

預貯金、信託商品、投資信託、債券、株式、保険商品等それぞれの金融商品についての次の事項

・その性格又は特徴
・その種類
・期待できるリターン
・考えられるリスク
・投資信託、債券、株式等の有価証券や変額保険等については、価格に影響を与える要因等

3　資産の運用の基礎知識

①　資産の運用を行うに当たっての留意点（すなわち金融商品の仕組みや特徴を十分認識した上で運用する必要があること）

②　リスクの種類と内容（金利リスク、為替リスク、信用リスク、価格変動リスク、インフレリスク等）

③　リスクとリターンの関係

④　長期運用の考え方とその効果

⑤　分散投資の考え方とその効果

（出典）　厚生労働省年金局長通知「確定拠出年金制度について」（平成13年８月21日年発第213号）別紙「確定拠出年金法並びにこれに基づく政令及び省令について（法令解釈）」

定拠出年金が適切に運営され、老後の所得確保を図るための年金制度として国民に受け入れられ、定着していくためには、何よりも増して加入者等が適切な資産運用を行うことができるだけの情報・知識を有していること」が重要であるとしています。

次に、投資家教育を行う主体としては、「確定拠出年金を実施する事業主、国民年金基金連合会及びそれらから委託を受けて当該投資教育を行う確定拠出年金運営管理機関等」が指定されており、確定拠出年金を導入した企業、個人型確定拠出年金を運営する国民年金基金連合会に加えて、委託を受けた運営管理機関も投資家教育に従事することが可能になっています。

(2) 計画的な投資家教育の実施

投資家教育の行われるタイミングについても、「制度への加入時はもちろん、加入後においても、個々の加入者等の知識水準やニーズ等も踏まえつつ、加入者等が十分理解できるよう、必要かつ適切な投資教育を行わなければならない」とされており、制度導入時や従業員の加入時、新商品の導入時といった時点だけではなく、継続的な投資家教育の提供が求められています。確定拠出年金の開始後は、個々の加入者に対して運用実績の通知を行っていますが、その際に、運用商品に関するさまざまな知識や一般的な運用状況などを提供することが求められます。

まず、加入時には、「実際に運用の指図を経験していないことから、確定拠出年金制度における運用の指図の意味を理解すること、具体的な資産の配分が自らできること及び運用による収益状況の把握ができることを主たる目的として、そのために必要な基礎的な事項を中心に教育を行うことが効果的である。事業主等は過大な内容や時間を設定し、形式的な伝達に陥ることのないよう、加入者等の知識水準や学習意欲等を勘案し、内容、時間、提供方法等について十分配慮し、効果的な実施に努めること」とされています。実際の運用以前ということで、基礎的な知識の教育が中心になることが求められています。投資対象の商品の紹介のみではなく、最低でも投資とはどういうことか、投資配分ができることおよび投資成果の理解が可能となることが求められているのです。一方で、大量の教材配布や長時間の教育を強いて形式的な伝達とならないよう注意が促されており、事業主のみでは困難な場合に、運営管理機関へ委託することも検討するべきでしょう。

次に、加入後については、「加入時に基本的な事項が習得できていない者に対する再教育の機会として、また、制度に対する関心が薄い者に対する関心の喚起のためにも極めて重要である。加入者が実際に運用の指図を経験していることから、加入前の段階では理解が難しい金融商品の特徴や運用等についても運用の実績データ等を活用し、より実践的、効果的な知識の習得が期待される」となっています。再教育や関心の喚起といった表現にみられるように、長期の約束となる確定拠出年金の投資に関して、加入者が興味をもつような工夫が求められているのです。実際の投資対象商品の成果などがでていることから、投資の具体例を数値やグラフ等で図示するなど、実践的な教育が求められています。

運営管理機関に投資教育を委託する際には、会社は「投資教育の内容・方法、実施後の運用の実態、問題点等、投資教育の実施状況を把握するよう努めること。また、加入者等への資料等の配布、就業時間中における説明会の実施、説明会の会場の用意等、できる限り協力する」よう求められています。

なお、「事後に、アンケート調査、運用の指図の変更回数等により、目的に応じた効果の達成状況を把握することが望ましい」とされていることについては、十分に留意しておくべきでしょう。

(3) 加入後の投資家教育が重要

加入時と加入後とでは、投資家教育に求められる内容・性格が異なることもあって、実施に際しては目的を明確化することが必要です。特に、加入後については、十分な意識づけや運営が行われないと投資家教育が疎かになり、単なる情報提供に陥る危険性があります。そのため、実施内容については、かなり詳細な記述で、配慮することが求められています。

まず、「運用商品に対する資産の配分、運用指図の変更回数等の運用の実態、コールセンター等に寄せられた質問等の分析やアンケート調査により、対象となる加入者等のニーズを十分把握し、対象者のニーズに応じた内容となるよう」また、「運営管理機関は制度の運用の実態等を定期的に把握・分析し、事業主に情報提供するとともに、必要な場合には投資教育に関する助言をするよう努めること」といった努力も要請しています。

さらに、「基本的な事項が習得できていない者に対しては、制度に対する関心を喚起するよう十分配慮しながら、基本的な事項の再教育を実施すること。また、加入者等の知識及び経験等の差が拡大していることから、より高い知識及び経験を有する者にも対応できるメニューに配慮することが望ましい」と加入者の興味・知識レベルなどを考慮した投資家教育の提供が求められています。

なお、加入後の投資教育については、「その重要性に鑑み、できる限り多くの加入者等に参加、利用の機会が確保されることが望ましい」とされています。

2 主な運用対象商品

(1) 確定拠出年金の運用対象

厚生労働省の調査によると、2012年２月末現在で確定拠出企業年金の運用商品数は、平均で18種類となっています。平均の内訳をみると、18種類のうち、預貯金が2.2種類で、保険が2.3種類となっており、金銭信託および証券投資信託の形式で有価証券投資を行っているものが13.6種類となっています。

規模別に運用対象をみると、従業員が300人未満の小規模団体の場合は、平均の運用対象商品は16種類で、従業員300人以上の団体の平均20種類と比べると、若干少なくなっています。運用商品数の最少・最多は従業員規模に関係なく、最少が３種類で最多では69種類となっており、むしろ運営管理機関による採用商品候補数の影響が出ているように思われます。従業員が300人未満の小規模団体の場合では、預貯金商品が1.6種類、保険が2.1種類、有価証券投資が12.5種類となっており、従業員300人以上の団体の平均に対し、すべてが下回っています。

(2) 元本確保型の運用対象

預貯金や保険の商品は元本確保型と呼ばれることがあります。これは、円建ての預貯金の場合には元本割れはありませんし、保険商品についても一定年数を経過し金利水準がほぼ安定していれば、元本割れをすることはないためです。長期保有を前提とすれば、当初の投資金額を下回ることがないという意味で、これらは元本確保型商品と呼ばれます。

預貯金は銀行などの金融機関の商品であり、日常で利用する総合口座に含まれている定期預金などと同様の商品です。一方、保険会社の提供するものは、利率保証年金と呼ばれる確定拠出年金のためにつくられた商品で、５年もしくは10年といった一定期間の間保険会社に預けると、運用成果が返ってくるという仕組みで、一般的な死亡保障の保険商品とは異なる金融商品になっています。運用成果は、資金投入時点での金融環境によって定められており、５年ないし10年の一定期間の間は変更されることがありません。ただし、銀行の定期預金と同様に、期間途中で解約してほかの金融商品に入れ替える場合には、当初の利回りが確保できないこともあります。

元本確保型商品は、元本割れのリスクが小さいことから長期保有に適しているということは可能ですが、裏返せば、高い利回りを得られる可能性は小さくなっています。年金受給の時期が間近になって元本の保全を最優先する場合などには、こうした元本確保型商品を投資の主体とするべきですが、年金受給までの投資期間が長期に残っているならば、価格変動リスクを負ってでも、より高い運用利回りを目指したほうがよいかもしれません。特に確定給付型年金から確定拠出企業年金へ制度変更した場合には、元本確保型商品のみで運用すると、現在の低金利水準が継続したならば、将来受け取ることのできる年金額は、確定給付型年金で受け取れたはずの額を下回ってしまうことになります。資産運用の努力を加入者自らがしなければ、十分な年金額がもらえないかもしれないことが、確定拠出年金の１つの特徴となっているのです。

(3) 主なものは有価証券が運用対象

有価証券を運用対象とする商品は、ほとんどが投資信託の形式をとっています。このなかには、複数種類の有価証券を投資対象とするバランス型と呼ばれる商品から、国内株式や外国債券といった特定の資産に投資する投資信託までさまざまなものが入っています（図表７－２参照）。有価証券に投資する商品として平均で13.4種類もの商品が採用されているのは、まさに投資対象の多様さを反映しているものといってよいでしょう。

同じ国内株式を投資対象とするファンドといっても、特徴をもった銘柄選択をアナリストやファンドマネージャーの分析・判断をもとに行うジャッジメンタル・アクティブ運用から、金融工学を駆使したモデルに基づいて判断を行うクオンツ・アクティブ運用、さらには、アクティブ運用で大きな超過リターンを得ることがむずかしいと考え市場インデックス並みの成果獲得を目的とするパッシブ運用もあり、このようなさまざまな手法を組み入れた投資信託商品が対象に採用されています。

投資対象は、日本国内だけではありません。海外投資に目を向けると、先進国の債券や株式に国内での有価証券投資と同様

図表７－２　確定拠出年金の運用対象商品一覧（イメージ）

	商品名	運用会社
元本確保型	確定拠出年金専用３年定期預金	Ａ銀行
	DC定期預金５年	Ａ銀行
	利率保証年金（５年保証）	Ｂ保険
	利率保証年金（10年保証）	Ｃ保険
バランスファンド	バランス型株式30	Ｄアセット
	バランス型株式50	Ｄアセット
	バランス型株式70	Ｄアセット
国内債券ファンド	国内債券インデックス	Ｅアセット
	国内債券アクティブ	Ｆアセット
	物価連動国債ファンド	Ｆアセット
国内株式ファンド	国内株式インデックス	Ｅアセット
	国内株式アクティブ	Ｇアセット
	国内グロース株	Ｈアセット
	国内バリュー株	Ｈアセット
海外債券ファンド	海外債券インデックス	Ｊアセット
	グローバル債券アクティブ	Ｋアセット
海外株式ファンド	外国株式インデックス	Ｊアセット
	グローバル株式アクティブ	Ｌアセット

な投資手法で取り組むものから、高い経済成長性を収益として獲得するために、先進国以外のエマージング諸国と呼ばれる国々の債券や株式に投資する商品もあります。海外投資の場合には、為替リスクを負う場合も少なくなく、投資対象の有価証券の価格変動に加えて、為替の水準変動による影響を受けることから、時価変動のリスクは高くなる可能性があります。

投資信託商品のラインナップのなかには、そのほかにも、J-REITやヘッジファンドなどのオルタナティブ投資と呼ばれるジャンルの投資商品を含んでいることもあるでしょう。投資のプロであるとみなされる企業年金や公的年金でも、積極的に取り組んでいるところは必ずしも多くありませんが、海外の企業年金などでは積極的に投資を行い、高い収益をあげているところもあります。個人による金融商品投資の場合には、時価の変動による短期間のブレをあまり気にしなくてもよいのですから、中期的な観点からこういった商品に投資してみるのもおもしろいかもしれません。しかし、投資する前には、十分に運用対象のことを勉強して投資内容を理解するとともに、どのようなリスクがあるかを知っておかねばなりません。

(4) 運用商品の選び方

確定拠出年金の運用対象を選ぶ際には、加入者の満60歳までの期間、投資対象である金融商品に対する理解、リスクに対する姿勢が大きな判断要素になります。年金の受給開始までの期間が十分にあるならば、投資信託のなかでも株式や外国証券といった価格変動リスクを負った投資商品に投資することもできますが、まもなく年金受給が開始されるようならば、元本確保型商品を主体とした安定運用を心がけるべきでしょう。

金融商品に対する十分な知識がない場合やリスクに対する認識が十分でない場合には、リスクのある投資商品を選択するのは考えものです。しかしながら、元本確保型商品のみでは、現在の低金利環境下で十分な運用利回りを得ることは期待できません。したがって、投資の意味合いや商品の価格変動リスクの特性を理解したうえで、リスクのある投資商品での運用にチャレンジすることが、確定拠出年金の設けられた意味なのです。

3 ドルコスト平均法とは

(1) 継続投資の考え方

確定拠出年金の運用対象となる拠出金については、制度の発足時点や改正時に一時金の持込みもありますが、一般的には、毎月などといったかたちで事業主掛金が拠出されることとなります。マッチング拠出の採用されているプランにおいては、毎月の給与天引きなどで加入者掛金も運用対象となってくるでしょう。したがって、運用の原資は毎月など定期的に投入されることになります。投資の実行が一時点に行われ、その後は投資対象の変更等が行われるのみといった確定給付型年金の運用とは、大きく異なった考え方を採用する必要があるのではないでしょうか。

(2) ドルコスト平均法の考え方

ドルコスト平均法という名称を聞くと、何だか為替に投資するように聞こえるために、確定拠出年金においてのリスク性資産の一般的な投資法とは思われないかもしれません。しかし、現在では、必ずしも為替への投資と関係するとは限らない用語となっています。実際に語源を探ると、為替の変動に対応するために一時に円をドルに交換するのではなく、少額の為替を時間をずらして交換することで、為替の交換コストを平均的に安定させるという手法が用いられたことからきています。

為替の価格変動は、もしかしたら株式の価格変動よりも大きい可能性があります（専門的には、ボラティリティが高いということが可能でしょう）。その為替の交換レートを中期的に安定させるためには、毎月といった定期的なサイクルで同額の円をドルに交換するのです。円高の局面では、多くのドルを受け取ることができるでしょうし、逆に、円安の局面では、相対的に少ないドルしか受け取ることはできません。為替の変動が一方向でなければ、常に同額を交換しておくことで、中期的に平均的なレートで為替をとることができたはずです。こうした手法をドルコスト平均法と呼ぶのです。

確定拠出年金でのドルコスト平均法の意味を考えてみましょう。毎月ほぼ一定額の拠出金が運用対象となり、それで特定のファンドを毎月購入するとしましょう。その結果、為替の例と同様の効果から、平均的なコストでの投資が可能になるのです。個別の株式購入に際しても、従業員持株会での自社株購入でドルコスト平均法の採用がみられますし、投資信託の領域においても、ミリオンといった購入方法がドルコスト平均法に当たります。有価証券投資においてのドルコスト平均法とは、どのような局面でも等金額の投資を行うことで、割安局面では多く購入し、割高局面では少なく購入する結果、平均的なコストで購入することを可能にする手法となります。

(3) ドルコスト平均法の限界

投資に際しての基本的なリスク管理手法の１つである分散投資は、銘柄を複数に分散することで個別のリスクを低下させるということなのですが、それに対してドルコスト平均法は時間分散の投資手法であるということができます。しかし、ドルコスト平均法にも大きな欠点が存在します。

基本的に買い続ける投資手法ですから、売却に対してはなんらのインディケーションも示してくれません。また、継続的に購入するということは、価格が上昇を続ける相場が右肩上がりの局面では、次第に平均購入価格が上昇してしまいます。価格が下落を続ける局面で買い続けることは、どんどん平均の取得コストが低下していくので好ましいのですが、購入停止水準をあらかじめ定めずに買い続ける（ロングオンリー）戦略のため、価格上昇の場合に、大きなリスクの顕在化する可能性があります。

具体的な例としては、バブル経済の興隆前からのTOPIXの推移を考えてみましょう。図表７－３はTOPIXの推移をローソク足で表示したものですが、2012年５月末のTOPIXの水準は1983年の水準にまで低下しています。もしグラフの始点である1970年から等金額投資を行っていた場合、平均の投資コストはどうなっていたのでしょうか（ここでは、緻密な計算よりもドルコスト平均法の効果をみてもらうために、あえてTOPIXの等金額投資を毎年１回、その年の高値と安値の平均で実施したものとして

図表7－3　TOPIXの推移とドルコスト平均法のコスト

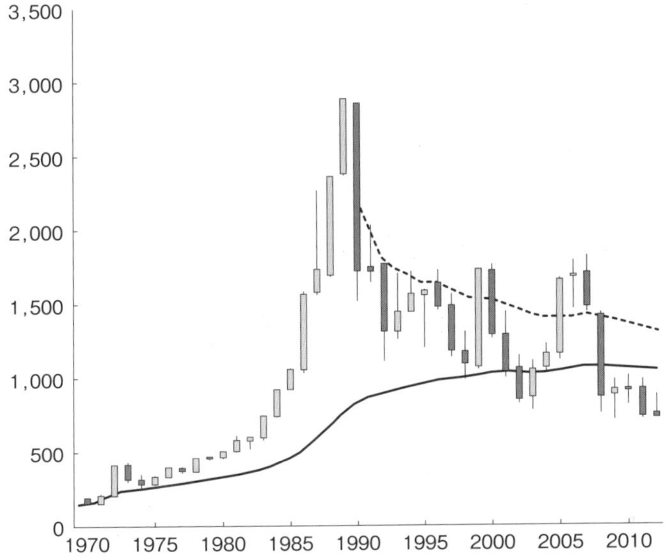

（注）　ローソク足はTOPIXの推移で、実線は1970年から、点線は1990年からのドルコスト平均法投資による平均コストの推移。

います。TOPIXに連動するETFは以前存在していませんでしたから、このような投資は、実際のところ、個人では実現不可能だったのですが）。

現在の平均コストは1,000を多少上回る水準で、実際のTOPIXが700～870程度にいるのですから、大きな損失を抱えていることがわかります。バブル期の株価上昇局面で、継続的に高い水準のTOPIXを購入したことで、徐々に平均コストが上昇し、その後、株価が下落に転じたものの、過去の高い購入コストの影響から、平均買入れコストが低下したのは、2009年以降なのです。

結局のところ、ドルコスト平均法による投資は購入を継続するために平均買入れコストが上昇し、結果として、その後の株価下落局面で、大きな損失を抱えるリスクのあることがわかります。逆に、TOPIXがピークをつけた1990年からドルコスト平均法で買い下がった場合にはどうでしょうか。この場合でも株価が十分に下がる前の購入コストが影響し、近年の株価の下落速度が大きいために、平均コストが1,300程度と含み損の状態が継続してしまいます。

ドルコスト平均法による投資は、その後に投資対象の有価証券価格が下落した場合には、いずれにせよ価格上昇局面での高い購入コストが負担になってしまいます。したがって、価格が高騰した局面では、ドルコスト平均法による購入を停止することが必要になるのです。投資の世界に順張り投資という言葉があるように、価格が上昇するから買うといった投資手法が成功することもあります。しかし、それは、あくまでも売却というエグジットがあるから利益の獲得が可能なのであって、基本的に継続購入を行うドルコスト平均法投資に関しては、高値圏で購入を停止することが必要になるのです。

4 ライフサイクルファンドとは

(1) ライフサイクルファンドの意味

ライフサイクルファンドとは、加入者の年齢構成にあわせて、リスク性資産の比率を変えた複数のファンドを用意する方法です（図表7－4参照）。確定拠出年金の加入者の年齢構成が幅広く、また、投資対象商品の選定に困った際には、有力な候補になるはずです。

また、一部の運用会社では、ターゲットイヤーファンドと呼ばれるファンド群を設定している例もみられます。具体的には、2040年に満期を迎えるファンドは、株式や外国証券といっ

図表7－4　ライフサイクルファンドのイメージ図

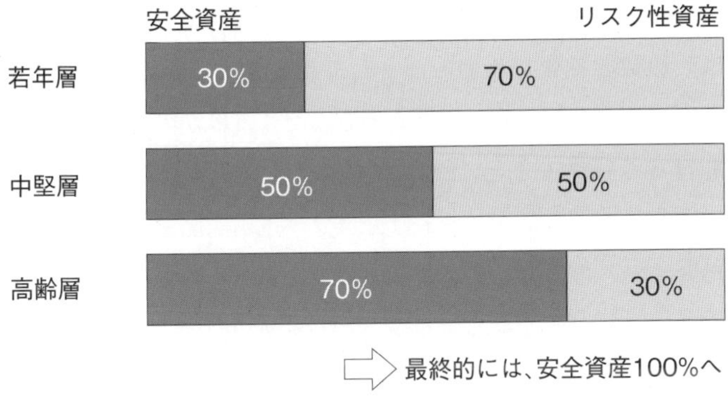

たリスク性の高い資産を主として組み入れ、2015年を満期とする期間の短いファンドは国内債券を中心とした投資配分とします。この2つの間に満期を迎えるファンドについては、運用可能である残存年数に応じてリスク性資産の比率が高くなるように構成します。ライフサイクルファンドとの相違は、ライフサイクルファンドの場合、投資家である加入者が自分の加齢を意識して、若年層向けのファンドから中堅層以上向けのファンドに入れ替える必要があるのに対し、ターゲットイヤーファンドの場合には、運用会社が年数を経るにつれて、徐々にリスク性資産の比率を引き下げてくれることです。つまり、自分でファンドの入替えの必要なのがライフサイクルファンドで、ファンドの入替えの不要なのがターゲットイヤーファンドとなります。

入替えが不要だということは、決してアドバンテージになりません。1つの運用会社にすべてを賭け1つのターゲットイヤーファンドに全額を投資するのは、分散投資という運用の基本的な重要原則に反する選択ともいうことができます。実際には、複数の投資対象の一部として投資することが一般的であり、ほかの金融商品の運用成果をみたり、ほかの商品の入替えを行ったりすることになるので、ライフサイクルファンドやターゲットイヤーファンドは、自分が運用商品を選択する際の参考にするのが賢い利用法ということができるでしょう。以下では、ライフサイクルファンドの投資対象イメージについて、説明します。

⑵　若年層（20～30歳代）

20～30歳代のような年金受給開始までに十分な年数のある場合には、株式や外貨建て資産といったリスクの高い資産を主として組み込むことが一般的です。これらのリスク性資産は価格の変動幅が大きく、短期間で評価すると価格の下落によって収益率がマイナスとなることも珍しくありません。しかし、長期的にみれば、日本国内の株式を保有することによって、企業ないし日本経済の成長に見合った収益を得ることが期待できますし、外国の債券や株式に投資することによって、日本よりも高い経済成長の恩恵を受けることが期待できます。

したがって、この年齢層向けの商品としては、株式や外国証券といった価格変動リスクの高い商品を多く組み入れることが可能です。また、リスク性資産のなかでも、エマージング諸国への投資やオルタナティブ資産への投資を考えてもよいでしょう。運用会社が、リスク性資産を多く組み入れたライフサイクルファンドを用意している場合もあります。

⑶　中堅層（40歳代）

40歳代の加入者向けには、徐々にリスク性資産の比率を落とし、国内債券の比率を上げたファンドを準備することが適切です。それでも年金受給開始までには10年以上の期間がありますから、相場環境に応じてリスク性資産をある程度は組み入れるべきです。日本の債券利回りが、10年物長期国債で現在のような１％前後の水準を今後も長期間継続するとは考えがたいのですが、すでに10年以上ほとんど２％を超えないような環境が継続しています。その背景には、低経済成長やデフレ、生産年齢人口の減少、資本生産性の低下といったさまざまな課題が指摘されていますから、金利水準が上昇せず国内債券の運用利回りが上がらない可能性を考えると、リスク性資産を組み入れないことは、低運用収益に終わってしまうというリスクをはらんでしまっています。

したがって、この年齢層向けの運用商品としては、国内債券とその他のリスク性資産を同じ比率程度に組み入れるようなファンドが考えられます。確定拠出年金の受給開始までに時間がまだあることから、流動性の低い資産を組み入れておいてリターンを稼ぐことも重要です。

⑷　高齢（年金受給間近）層（50歳代）

50歳代の加入者向けには、リスク性資産の比率をさらに落として、国内債券主体の資産構成としたファンドを準備したいものです。特に、年金受給開始直前となった50歳代後半に入ったならば、国内債券比率を引き上げるべきでしょう。リスク性資産の価格変動によって、年金受給開始時に資産残高が大きく毀損してしまうのは得策ではありません。一方、50歳代前半の場合には、40歳代のように、ある程度のリスク性資産を保有したファンドとしておきたいものです。少なくとも５年以上の運用期間が残っているのですから、利回りの確保を考えるべきでしょう。しかし、流動性が著しく低い投資対象、たとえば、解約制限の付されているヘッジファンドやプライベートエクイティ等は、避けるべきです。

したがって、この年齢層向けの運用商品としては、国内債券が多くを占め、それ以外を株式や外国証券といったリスク性資産で運用するファンドが適切と考えられます。確定拠出年金の受給が近づくにつれて、流動性が高く下落リスクの小さな国内債券への投資比率を高めるべきですが、加入者自らが直前で元本確保型商品や国内債券を中心とするファンドに切り替える必要があるでしょう。

(5) デフォルトファンドが必要か

日本の確定拠出年金の普及が遅れているという意見のなかには、有価証券投資を対象とする商品をデフォルトファンドとする運営がほとんど行われていないためという指摘もみられます。欧米の例では、加入者である従業員が個別の運用資産への投資を具体的に指示しない場合には、自動的にライフサイクルファンドを購入するといった設計がみられます。このように、自動的に購入することになるファンドのことを、デフォルトファンドと呼びます。

元本確保型商品のみでは、十分な運用利回りが得られないための措置とも考えられますが、投資経験の乏しい加入者に有価証券投資を体験させて、将来の投資対象の拡大につなげることが可能になります。日本でも同様の指定を行うことは可能ですが、これまでの株価下落局面では、株式に投資する商品がデフォルトファンドではなくてよかったのかもしれません。将来に向けては、中長期的な観点からデフォルトファンドの活用を考えておきたいものです。

COLUMN　コラム⑦　COLUMN

老後生活に備えるための資産形成

少子高齢化の急速な進展を背景に、支給開始年齢の引上げや給付減額など、公的年金制度の先行き不安は強まる一方です。もはや、“老後生活は自ら守る”という自助努力が不可欠となりつつあります。

老後生活に備えるためには、現役時代から計画的に積み立てることが大切です。給与の一部を計画的に積み立て、長期的な視点に立って資産形成を図れるためです。仮に40歳のときに老後の生活資金の形成を始めたとしても、定年退職までには20年程度の猶予があります。この20年という長い期間をかけて資産形成を図ればよいため、一時的な損失回避にとらわれる必要はありません。預貯金や個人年金保険、貯蓄性の高い保険商品など、元本割れリスクの低い商品だけでなく、株式投信など価格変動リスクの高い商品も選択肢として考えることができます。資産形成のバリュエーションが広がること、さらには、複利効果によって高い利回りを実現する可能性が高まることから、効率的な資産形成のためには、若年時からの積立が欠かせません。

もっとも、安心した老後生活を送るためには、退職後も安全で効率的な資産運用を心がける必要があります。公的年金を補完し、退職時に投資可能な有望な商品として、一時払い個人年金保険があげられます。これは、退職金などを元手に保険料を一括払いし、その後年金というかたちで給付を受ける商品です。年金の受取方法には、主に確定年金や終身年金があります。確定年金は年金の受取りが一定の期間に限られる商品です。一方、終身年金は一生涯にわたって年金を受け取ることが保証されます。確定年金や生存中に残高を遣いきってしまう可能性のある預貯金に比べ、長生きリスクに備えられる点が終身年金の最大のメリットです。

いつから資産形成を始めるにしても、商品選定の際には資産形成の目的や積み立てた資産の使い方を明確にしておくことが大切です。世の中の話題に流されるのではなく、いくつかの商品についてメリット・デメリットを比較したうえで、自分の投資目的にあった商品を選ぶことが何よりも大切です。

第8章

海外の年金制度

1 主要先進国の年金制度

(1) さまざまな公的年金制度

年金制度は、文化や就労慣習をベースに形成されているため、各国で独自の発展をみせています。各国の仕組みについてはある程度明らかになっていますが、ベースとなる考え方が異なったり、それぞれに細かい仕組みがあるため、横並びで比較するのは容易ではありません。そこで以下では、①給付が現役時代の所得に連動するかどうか、また数種類の給付がどのように組み合わされているか、②主な財源が税か保険料か、③職業などによって制度が分かれているか、といった大きな点に着目してみていきます（図表８－１参照）。

給付が現役時代の所得に連動するかどうかについては、主要先進国では、現役時代の所得が多いほど年金額が多くなるような所得比例型の仕組みを提供するのが一般的です。たとえば米国やドイツ、フランスは、現役時代の所得に比例する仕組みのみとなっています。ただ米国では、現役時代の所得に完全に比例するわけではなく、高所得者ほど所得の伸びに対して年金の伸びが抑えられる仕組みになっています。またイタリアは、現役時代の所得に比例する仕組みを基本としていますが、年金が低額になる場合には補てんが行われています。一方、英国やカ

図表8－1　主要先進国の年金制度の概要

		日本	米国	英国	イタリア	カナダ	ドイツ	フランス
公的年金								
給付設計	定額型	○	×	○	△	○	×	×
	所得比例型	○	○	△	○	○	○	○
主な財源		保険料	保険料	保険料	保険料	保険料	保険料	保険料
	税財源の投入	基礎年金の半額	原則なし	原則なし	低年金者の補てん分	定額部分	一部	一部
制度構成	会社員	定額型＋所得比例型	同じ制度	定額型＋所得比例型	同じ制度	同じ制度	一般制度のほか、分立	一般制度のほか、分立
	自営業	定額型のみ		定額型のみ			分立（一部任意加入）	分立
所得代替率	平均収入の半額の場合	52.7%	61.0%	62.0%	72.0%	70.9%	54.8%	69.4%
	平均収入の場合	39.7%	47.3%	37.4%	71.7%	50.4%	56.0%	60.4%
	平均収入の1.5倍の場合	34.9%	44.1%	26.8%	71.8%	35.0%	55.6%	53.1%
私的年金								
加入率	企業・職域年金	不詳	41.6%	30.0%	7.6%	33.5%	22.5%	17.3%
	個人年金	不詳	22.0%	11.1%	6.2%	33.1%	36.9%	5.3%

（注）公的年金の所得代替率は、OECDが国際比較のために作成した年金モデルによる値。現在確定している制度改正（計画）がすべて反映された前提で、単身の男性について計算されている（日本政府が用いている所得代替率は専業主婦世帯について計算されているため、数値が大きく異なる）。加入率は、15～64歳人口に対する率。

（出典）年金シニアプラン総合研究機構ホームページ、OECD（2011）“Pensions at a Glance 2011”、OECD（2012）“OECD Pensions Outlook 2012”より作成。

ナダ、日本のように、現役時代の所得に比例する仕組みと、現役時代の所得に連動しない定額型の仕組みを組み合わせている国があります。ただ、英国では、現役時代の所得に比例する仕組みを連動しない仕組みに近づけていく方針となっています。またカナダには、ほかの所得の影響で受給者が高所得の場合、現役時代の所得に連動しない定額給付の一部または全部を税として政府へ払い戻す仕組みがあります。なお、図表８－１には載せていませんが、オランダやニュージーランドでは現役時代の所得に連動する仕組みがなく、定額給付の仕組みだけになっています。

主な財源が税か保険料かについては、給付が現役時代の所得に連動する仕組みがある場合は、所得に応じた保険料が主な財源になっています。給付が現役時代の所得に連動する仕組みと、所得に連動しない定額給付の仕組みとを組み合わせている国では、対応が分かれています。こういった国のうち、英国や日本では、現役時代の所得に連動する仕組みと所得に連動しない定額給付の仕組みの財源を一括りにして、主に所得に応じた保険料でまかなっています。一方カナダでは、現役時代の所得に連動する仕組みと所得に連動しない定額給付の仕組みの財源を分けていて、給付が現役時代の所得に連動する仕組みの部分の財源は保険料ですが、所得に連動しない定額給付の財源は税となっています。

職業などによって制度が分かれているかについては、米国では会社員も自営業者も同一の制度に加入します。英国や日本では、給付が現役時代の所得に連動しない仕組みについては会社員も自営業者も対象となっていますが、給付が現役時代の所得に連動する仕組みについては会社員のみが対象となっています。ドイツやフランスでは、複数の職種の会社員等を対象とする統一的な制度が存在しますが、一部の職業の会社員や自営業者には別立ての制度が存在するという、分立状態になっています。

また、無職者や低所得者に対する扱いは日本と諸外国で異なります。日本では、低所得者向けに保険料免除制度が設けられたうえで、無職者でも国民年金に加入する義務があります。日本以外の先進諸外国では、カナダの所得と連動しない定額給付の仕組みのように、税財源でまかなわれる仕組みでは無職者や低所得者も対象になる場合がありますが、それ以外の仕組みでは、無職者を含む一定以下の低所得者は公的年金制度の対象外となったり任意加入となることがほとんどです。このように全員加入が前提になっていないため、諸外国では年金を受け取るために必要な最低加入年数が短めに設定されています。

(2) 企業年金との組合せもさまざま

公的年金にさまざまなかたちがあるように、公的年金と企業年金や個人年金などの私的年金との組合せ方についても、国によって考え方が異なります。たとえば、図表８－１には載せていませんが、オランダ、デンマーク、スウェーデン、ノルウェーといった国では、産業別に制度を設けるなどのかたちで、半ば強制的に企業年金や職域年金に加入することになっています。主要先進国には私的年金が強制になっている国はありませんが、米国を中心に加入率が高くなっています。

いくつかの国では、近年、私的年金への加入を促進する政策が実施されています。

ドイツでは、従来は公的年金が手厚く、私的年金への加入は重要視されていませんでした。しかし、2001年から2004年にかけての年金改革で、公的年金給付の削減と私的年金支援策がセットで導入されました。特に私的年金支援策は独特で、世界的にも注目されています。一般的な私的年金支援策は、掛け金を所得控除の対象としたり、運用益を非課税とするなどの方法で行われます。ドイツの制度では、これらに加えて、掛金拠出者に補助金が支払われています。所得控除では低所得者より高所得者でメリットが大きくなりますが、補助金により低所得者にもメリットがある仕組みになっています。そのため、この仕組みの15～64歳人口に対する加入率は、2001年の2.5％から、2005年には10.2％、2010年には26.7％へと上昇しています。

英国では、従来から、条件を満たした企業年金や個人年金に加入すれば公的年金の所得比例部分に加入しなくてもよい、という制度を設けて、私的年金への加入を促進してきました。ただ、この制度を利用して私的年金へ加入するのは所得や資産が比較的恵まれた層に限られ、低～中間所得層では老後の備えが不十分であることがわかってきました。そこで、ほかの私的年金に加入していない労働者に対して、政府が用意した私的年金制度への加入を自動化する仕組みが導入され、2012年10月から実施されます。この制度は、①強制ではないものの本人が脱退を申請しない限りは自動加入させる点、②従業員個人だけでなく雇用主にも保険料の拠出を義務づけ、政府も税の控除により拠出を支援している点、が特徴です。

2 中国の年金制度

(1) 公的年金の制度体系

中国の公的年金制度は、本人の戸籍（都市戸籍／農村戸籍）や就業の有無によって分類されます。大きく分けると、主に都市の会社員を対象とした「都市職工基本養老保険制度」、都市住民（非就労者）を対象とした「都市住民社会養老保険制度」、

図表８－２　中国における年金制度の体系

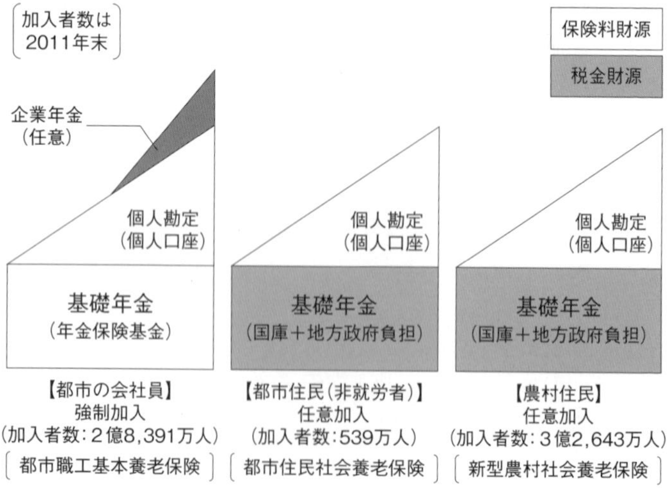

（注） 都市職工基本養老保険において、年金保険基金の財政収支が赤字になった場合、国庫負担で積み立てた全国社会保障基金から補てんされる。

農村住民を対象とした「新型農村社会養老保険制度」です。

都市の会社員は加入が義務づけられていますが、都市住民（非就労者）と農村住民は原則的に任意加入となっています（図表８－２参照）。

たとえば、都市戸籍で仕事をもたない専業主婦は都市住民（非就労者）を対象とした制度に任意加入し、農村戸籍をもつ農家の主婦は農村住民を対象とした制度に任意加入することになります。

⑵　都市の会社員を対象とした年金制度（「都市職工基本養老保険制度」）

都市の会社員を対象とした制度では、国有企業の従業員や自営業者も加入対象となっています。

支給される年金は２階建ての構造となっており、加入地域の前年の平均賃金をベースに、加入期間の本人の平均賃金と加入期間を加味して年金額が決まる基礎年金部分と、現役時代に積み立てた保険料を定年退職時の年齢に基づいて分割して支給する部分（個人勘定）から構成されています。民間企業では退職金が支給されない場合も多いことから、定年退職年齢（男性60歳、専門職女性55歳、その他一般女性50歳）が年金の支給開始年齢となっています。年金の給付水準は１階、２階部分をあわせて加入地域の前年の平均賃金の４割程度です。

年金を受け取るには合算して15年間の保険料の納付が必要となっており、この期間を満たさない場合でも本人が申請をすれば個人口座に積み立てた金額を一括で受け取ることが可能となっています。

保険料は原則的に企業が賃金総額の20%、個人が賃金の8%とされています。企業が拠出した保険料は基礎年金の原資として年金保険基金で、個人が拠出した保険料は基礎年金の上乗せ（2階部分）として専用の個人口座で積み立てられます。

保険料は決められた地域単位（市や県）で徴収されるため、地域によって企業の保険料負担率が異なるケースもあります。少子高齢化が進み、65歳以上の老齢人口の割合が高い上海市では他地域より高く（22%）設定され、若い生産年齢人口が集中し、老齢人口が占める割合が相対的に低い深圳市では低く（11%）設定されています。

なお、老後に受け取る老齢年金以外に、遺族給付として葬儀補助金や残された扶養家族の人数に応じた救済金はありますが、日本の障害年金にあたる制度は設置されていません。

⑶　都市住民（非就労者）を対象とした年金制度（「都市住民社会養老保険制度」）

都市住民（非就労者）を対象とした制度は2011年に導入された比較的新しい制度です。

保険料は賃金に関係なく設定されており、制度モデルとしては年間100元から100元ごとに1,000元まで10ランクとされていますが、金額の設定方法は各地域によって異なります。加入者は自身の経済状況に応じた保険料を選択します。

納付された保険料は、地方政府からの補助金（30元）とともに全額が専用の個人口座（個人勘定）で積み立てられる仕組みとなっています。

また、加入インセンティブを高める方法として、より上位のランクの保険料を納めた場合、地方政府による補助金や基礎年金の増額も可能となっています。

支給される年金は２階建ての構造となっており、中央政府が国庫から定額で支給する部分（月額55元）に地方政府の補助金を加えた基礎年金部分と、積み立てた保険料を支給開始時の年齢に基づいて分割して支給する部分（個人口座）で構成されています。基礎年金部分については、地方政府が当地の経済規模に応じて増額するため、最終的には地域によって異なります。ただし、年金のみで老後の生活を維持するのはむずかしいのが現状です。

⑷　農村住民を対象とした年金制度（「新型農村社会養老保険制度」）

農村住民を対象とした制度は、保険料の設定方法を除いて、補助金支給、個人口座での積立、給付の構造等については原則的に都市住民（非就労者）を対象とした制度と同様の運営をしています。保険料については、農村部が都市部と比べて所得が低い点から、制度モデルとして100元から100元ごとに500元までの５ランクとなっていますが、この点も都市住民（非就労者）を対象とした制度と同様に、各地域によって設定方法や金額が異なります。

農村住民を対象とした年金制度は、元来、個人口座積立からの給付のみでしたが、2009年以降、国庫と地方政府負担による基礎年金が追加されています。

また、北京市、天津市、重慶市のように都市化の進んだ地域では、新たな取組みとして、両住民の制度を統合した年金制度(「都市・農村住民養老保険制度」)の導入も開始されています。

(5) 企業年金制度

中国の企業年金は、1991年以降、国の基幹産業を担う大手国有企業や政府系企業を中心に導入されました。国有企業の改革や公的年金制度の改革に伴って、企業年金制度も2004年に確定拠出年金の導入を柱とする関連法が改正され、民間企業への本格的な導入が開始されました。

中国における企業型確定拠出年金は、企業と個人がそれぞれ掛け金を拠出することになっています。企業の拠出額が賃金総額の12分の1まで、企業と個人の拠出額が賃金総額の6分の1までと定められています。運用については、掛け金をいったん企業年金基金としてまとめ、許可を受けた金融機関が運用しています。

企業が企業年金を導入するには公的年金制度（都市職工基本養老保険）への加入、保険料の納付が条件とされています。

公的年金制度を含め社会保険の企業負担が重い点から、導入に二の足を踏む企業が多いようです。本人が拠出した掛け金に所得控除等の優遇政策がなく、金融商品の選択や運用については本人に権限が与えられていないのにもかかわらず運用リスクは負わされるといった運用方式であることが、加入インセンティブが働かず、認知度が高まらない一因と考えられます。2011年末時点で加入者は1,577万人で、公的年金制度の加入者全体に占める割合は5.6%にとどまっています。

跋

本書は、ニッセイ基礎研究所年金総合リサーチセンターとして刊行する初めての書物となります。年金総合リサーチセンターは、研究所内の各部門に分散している年金関連の調査・研究を部門横断的に活用するために誕生した組織です。センターでカバーする研究領域は、組織名に加えた「総合」の二文字に恥じぬよう、公的年金から企業年金や個人年金まで、また、年金の制度から運用まで、と幅広いものとなっています。本書の執筆にあたった各研究員は年金以外の領域に関する研究も担当しながらの執筆でしたが、多忙ななかでも時間をかけて取り組んだ本書が、手にとっていただいた方々の一助になれば、センター設立の趣旨に適うものです。

本書の想定する読者としては、新しく年金関連の業務を担当することになった方や、さまざまな年金関連の問題に興味をもった方を考えています。とはいっても、実際のところ、公的年金については国民全般が制度の対象になっているのですから、ほとんどの国民の皆さんが読者になってほしいと考えています。企業等に勤務されている方々には、確定給付型年金はご自分の問題であるでしょうし、また、確定拠出年金はさらに加入対象範囲の拡大が検討されており、より多くの方々が対象になるでしょう。したがって、共済組合に加入する公務員等の方々を含め、ほとんどの国民に対してご自分の問題として読むことをお勧めできるものです。

年金問題は、多くの方々にとっては「遠い約束」であり、将来迎える老後のことよりも、当座の資金ニーズが優先されがちです。しかし、少子高齢化の進行する社会において“子どもに頼る”ことは、ミクロの意味でも、次世代というマクロの意味でも困難になっているといわざるをえません。自分の老後生活は自分で確保するという覚悟が必要であり、そのためには、既存の制度の特徴を十分に理解しておく必要があるのです。本書は、その目的に十分お役に立てるものであると確信しています。

本書で取り上げたさまざまな問題については、まず、内容を概観していただくのに適切なレベルを意識して執筆しています。したがって、最初から最後まで通読していただく類の書物ではありません。興味をもったテーマに関する項目を開いて、問題の概要を把握していただくことを想定しています。各々の項目について、さらに深く知りたい方には、軽い導入といったレベルであり物足りないかと思いますが、本書で問題の特徴を概観していただいた後に、より専門的な書籍・論文にあたっていただくことで、理解が深まることと思います。

なお、本書の執筆分担は、

第１章　中嶋邦夫主任研究員

第２章　梅内俊樹主任研究員

第３章　徳島勝幸

第４章　新美隆宏主任研究員

第５章　新美・徳島

第６章　梅内・新美

第７章　徳島

第８章　中嶋・片山ゆき研究員

となっており、執筆した2012年７月時点で織り込める範囲の情報に基づいた記述になっています。そのため、その後の制度変更などは反映されていないことに留意して読んでいただければと思います。

本書の作成に際しては、年金総合リサーチセンターの設立当時から温かいご指導を賜りました竹原功ニッセイ基礎研究所前代表取締役社長（現顧問）のご示唆を受けたものであることを申し添え、謝意を表したいと存じます。

なお、末筆ではありますが、本書の出版に際しては、金融財政事情研究会出版部の加藤一浩様に大きなお力添えをいただきました。あらためてお礼を申し上げます。

執筆者を代表して

ニッセイ基礎研究所　年金総合リサーチセンター

年金研究部長　**徳島　勝幸**

KINZAIバリュー叢書
日本の年金制度
――そこが知りたい39のポイント

平成24年10月29日　第1刷発行
平成24年11月27日　第2刷発行

編著者　株式会社ニッセイ基礎研究所
発行者　倉　田　　　勲
印刷所　図書印刷株式会社

〒160-8520　東京都新宿区南元町19
発　行　所　一般社団法人 金融財政事情研究会
編 集 部　TEL 03(3355)2251　FAX 03(3357)7416
販　　　売　株式会社 き ん ざ い
販売受付　TEL 03(3358)2891　FAX 03(3358)0037
URL http://www.kinzai.jp/

ISBN978-4-322-12151-3